持续成交

让生意10倍增长的会员制

李卓澄◎著

电子工业出版社
Publishing House of Electronics Industry
北京·BEIJING

内容简介

本书对会员制营销做了理论性、系统性的梳理和总结，并结合丰富的实战案例，力求帮助读者从学科角度来理解和掌握会员制，帮助企业经营者、管理者和营销负责人从更高的维度来审视自身，从而更有目标、更具章法地设计和实施企业的会员营销体系。正如书名所言，本书作者在自身的商业实践中，通过会员制使得企业会员数量和营业收入在较短时间内实现了近 10 倍的增长。同时，本书作者也是一位从事学术研究的社会学者，因此本书最大的特点是兼具理论性与实战性。书中介绍的都是来自中国本土的商业案例，只有中国化的商学体系和中国式的解释话语，才更适合中国的读者学习并应用到实践中去。本书适合企业的营销负责人及对营销科学感兴趣的读者阅读。

未经许可，不得以任何方式复制或抄袭本书之部分或全部内容。
版权所有，侵权必究。

图书在版编目（CIP）数据

持续成交：让生意 10 倍增长的会员制 / 李卓澄著. 北京：电子工业出版社，2025.3. -- ISBN 978-7-121-49492-5

I. F274

中国国家版本馆 CIP 数据核字第 2025JK3199 号

责任编辑：黄益聪
印　　刷：三河市鑫金马印装有限公司
装　　订：三河市鑫金马印装有限公司
出版发行：电子工业出版社
　　　　　北京市海淀区万寿路 173 信箱　　邮编：100036
开　　本：880×1230　　1/32　　印张：8.5　　字数：166 千字
版　　次：2025 年 3 月第 1 版
印　　次：2025 年 3 月第 1 次印刷
定　　价：88.00 元

凡所购买电子工业出版社图书有缺损问题，请向购买书店调换。若书店售缺，请与本社发行部联系，联系及邮购电话：（010）88254888，88258888。
质量投诉请发邮件至 zlts@phei.com.cn，盗版侵权举报请发邮件至 dbqq@phei.com.cn。
本书咨询联系方式：（010）68161512，meidipub@phei.com.cn。

会员制在人们的经济生活中无处不在,已经成为全民商业实践中的一个常识,每个消费者都会有若干个会员身份,但是作为一个专门研究营销的人,我却注意到以下两个值得关注的现象。

第一,专门研究会员制或会员经济的文章并不多见,系统性地阐述会员制或会员经济的理论和实践的著作更是少见,以至于应用者虽然很多,但大多数人都是知其然而不知其所以然。

第二,绝大多数企业在设计和实施自己的会员体系时,都是在借鉴和模仿他人,缺乏对自身和环境的深入研究,不仅没有契合自身业务的逻辑,也没有使会员制的作用发挥出来。

我在经过几年的观察之后,形成了比较系统的想法,并且将这些想法在企业经营实践中进行了反复检验。看到这个蓬勃发展的领域如此缺乏理论指导,我感到自己有责任也有必要写一本有关会员制的专业书籍。

我所在的企业本身是积极实行会员制的受益者，并且这个企业对于会员制的认识经历了曲折的、不断否定的过程，所以我们的经历对大多数普通的经营者来说，有着很高的参考价值。我们用 5 万元起步，从创立第一家面积不到 50 平方米、年销售额只有 20 万元的门店，到几年之间陆续开出了多家面积达三四百平方米、年销售额 200 万～300 万元的门店，实现了门店规模和营业收入数十倍的增长。在这个增长的背后，除了团队的努力、社会的需求，归根结底还是我们依据业务进展多次设计和不断调整会员制，使之和市场相契合、和业务相匹配的结果。

会员制最大的奥秘是把卖产品变成了卖服务，产品是标准化的和客观化的，而服务则是个性化的和主观化的，这就把市场竞争从参数式竞争转变成了不明确对标的非参数式竞争，从而为我们在争取主动权的同时，创造了更大的溢价空间。作为经营者，如果你能够看清楚这一点，尤其是当你在市场竞争中处于劣势时，你没有理由不好好研究自己的会员制。

事实上，凡是直接面向终端消费者的企业，都在竭尽全力地获取和留存客户，这个过程就叫经营客户。无论是否把这些客户称为会员，其本质都是在经营会员，**围绕着人的需求来提供产品，而非围绕着产品的销售去寻找人**。近些年，伴随着社交网络的高度发达，社交电商应运而生，并且蓬勃发展。社交平台已经成为产品销售的主战场。社交电商就是非常典型的会员制销售网络。例如，雷军在设计小米的社交电商之前，曾多次到全球最大的会员制仓储超市——美国的开市客（Costco）超市去学习会员制超市如何运转。这说明了会员制商业模式正在逐渐互联网化的商业生态中创造着让人意想不到的商业价值。

企业的利润来源归根结底是创新，只有创新才能使企业在特定的时间段内获得更高的人效比，从而创造出更多的利润。**会员制本身也是一种制度创新，一家公司是否致力于持续创新，可以从两个维度来考察：一是新会员的增加数量；二是老会员的流失数量。**

在这样的时代背景下，我希望此书能给商业经营者和研究者勾勒出一个比较清晰的理论框架和实践地图。本书的系统性和创新性主要体现在以下几个方面。

（1）对会员制进行了科学的分类，并且梳理和归纳了每一个分类的特征和适用场景。

（2）深入剖析了构成会员制的核心要素，使应用者和研究者能够理解、掌握会员制的各个组成部分。

（3）绘制出了分析、设计、测试、评估和推广会员制的全景图谱，建立了完整的会员体系框架。

（4）总结了会员制在实践应用中的若干方法，具有很强的可操作性，便于读者直接使用。

（5）揭示了商业模式升级迭代的一般规律，以及会员制在其中发挥的作用和价值。

鉴于本书的理论性较强，从头到尾地直接阅读可能会略显枯燥，建议你适当地放慢阅读速度，把自身的业务代入到每一章节中去比对、理解和体会，相信你一定会有所收获。我衷心地期望本书能给你的客户经营带来新的思路，协助你的事业发展到一个新的高度。欢迎各位读者与我进行交流：6254633@qq.com。

理解并掌握会员制的精髓,将会使你的盈利能力提升 10 倍乃至百倍。

这几年经济不景气,市场需求下滑,大部分企业主和经营者都觉得生意越来越难做,但事实上至少有两类企业经营得还是挺好的。

第一类是有核心资源(如具有垄断地位或者技术壁垒)的企业。

第二类是懂客户经营,能够源源不断地从客户身上获得现金流的企业。

像第一类企业一样拥有核心资源,对普通的中小微企业主和经营者来说较难实现,因为这不是通过努力就能得到的。但是像第二类企业一样,成为一家懂客户经营的企业,却是大多数用心的中小微企业可以做到的,那就是建立一套行之有效的会员制体系。

"建立一套行之有效的会员制体系",听起来很简单的一句话,但是恐怕超过80%的企业主和经营者都没有意识到，**会员制才是客户经营的命脉，是企业发展的纲领，是决定生死的战略。**

本书作者李卓澄博士毕业于清华大学，是理论与实战兼具的一线经营专家。多年来，他一直基于用户研究的视角来研究和应用会员制，对会员制经营有着深刻且独到的见解。李卓澄博士亲自主导的两个项目——互联网金融项目和实体店连锁项目，都做到了会员数量几十万人、营业收入数千万元的规模。可以说，在知行合一的路上，他比大多数专家要站得更高一点儿、看得更远一点儿。

根据亲自主导两个项目和指导过多个项目的经验，作者认为：**会员制虽然不能"包治百病"，但的确是"灵丹妙药"；会员制虽然不能"起死回生"，但的确能"妙手回春"。**前提是你作为企业主或者经营者要学会"对症下药"。

你不妨问一问自己：

- 我的会员制是基于自身的业务模式和用户画像设计、迭代出来的，还是依葫芦画瓢地从别人那里这抄一点儿、那抄一点儿，拼凑而来的呢？

- 我认为会员制作为一种商业模式，对企业发展起到了至关重要的作用，还是认为会员制只不过是一种赚钱的手段，能帮我更快地回笼资金而已？

- 我是带着团队一遍又一遍地演练和实操会员制的推广、追销和售后，还是对员工简单培训之后，就等着员工帮我完成后面的所有工作？

- 会员制是帮助我显著增加营收，让营收增长了 10 倍，甚至更多，还是用了会员制之后，经营业绩和团队管理仍然一成不变，没有什么进展？

如果这几个问题触动了你，但你又很难回答，说明你还没有真正搞懂会员制，也没有搭建起一套真正属于你自己企业的会员体系。当真正理解了会员制的精髓，你可能会发现自己其实已经拥有了一座金矿，只是还没有学会怎么把金子挖出来。只要掌握了方法，你的经营业绩就会发生天翻地覆的变化。

- 你的会员数量会显著增加。

- 你的会员储值金额和消费的客单价会随之上涨。

- 你的现金储备会越来越充足，现金流量也会越来越稳健。

- 你的利润率会越来越高，从而吸引更多的投资者。

- 你的员工会拿到更多的提成，这使整个团队充满了斗志。

这时候，如果你想要扩大企业规模、开更多的店、发展更多的合作伙伴，就成了顺理成章的事。

目 录

CHAPTER 1 赢得未来的会员经济   1

第一节 什么是会员经济   3
第二节 会员经济的历史渊源   5
第三节 会员制的基本原理   7
 一、会员的本质是身份特权   8
 二、会员制的目的是持续成交   11
 三、会员制的作用是双向共赢   14
第四节 会员经济的客观条件   21
 一、看不见的竞争   22
 二、适用的商业形态   25
 三、会员和私域的关系   27
 四、会员经济的负面影响   29
本章小结   31

CHAPTER 2 会员制组织的 4 种类型　33

第一节　圈层式会员制　35
　　一、圈层式会员制的特点　36
　　二、圈层式会员制案例　39
第二节　储值式会员制　41
　　一、储值式会员制的特点　41
　　二、储值式会员制案例　43
第三节　订阅式会员制　47
　　一、订阅式会员制的特点　47
　　二、订阅式会员制案例　49
第四节　积分式会员制　54
　　一、积分式会员制的特点　54
　　二、积分式会员制案例　57
第五节　常见会员制业态汇总　60
第六节　会员制组织的架构　61
　　一、会员制企业组织架构　62
　　二、商、协、学会组织架构　64
本章小结　66

CHAPTER 3 构成会员制的 7 个要素　67

第一节　名称　69

第二节 权益	71
一、引发需求	72
二、主要权益	73
第三节 条件	75
第四节 层级	79
第五节 积分	82
一、积分的本质	82
二、积分的作用	83
三、积分的计算	84
第六节 时效	85
第七节 推广	88
本章小结	91

CHAPTER 4 会员体系从设计到实施 92

第一节 会员生命周期	94
一、客户了解阶段	96
二、会员加入阶段	99
三、会员忠诚阶段	100
四、会员推荐阶段	101
第二节 会员体系的设计流程	103
第三节 客户分析	105
第四节 方案设计	110
一、选择会员类型	110
二、设计会员权益	111

　　　　三、设置入会条件　　　　　　　　115
　　第五节　测试执行　　　　　　　　　　116
　　　　一、测试准备　　　　　　　　　　118
　　　　二、测试过程　　　　　　　　　　119
　　　　三、测试记录　　　　　　　　　　119
　　第六节　效果评估　　　　　　　　　　121
　　第七节　推广分销　　　　　　　　　　125
　　　　一、营销推广　　　　　　　　　　126
　　　　二、渠道分销　　　　　　　　　　128
　　第八节　如何评价会员体系　　　　　　129
　　　　一、产品的市场匹配度　　　　　　130
　　　　二、业务的可持续性　　　　　　　134
　　本章小结　　　　　　　　　　　　　　138

CHAPTER 5　会员服务的文化和工具　　140

　　第一节　服务能力　　　　　　　　　　141
　　　　一、服务精神　　　　　　　　　　141
　　　　二、专业能力　　　　　　　　　　142
　　　　三、沟通能力　　　　　　　　　　143
　　第二节　服务文化　　　　　　　　　　143
　　　　一、服务的口号　　　　　　　　　144
　　　　二、服务的文化　　　　　　　　　146
　　　　三、服务文化的打造　　　　　　　151
　　第三节　服务流程　　　　　　　　　　154
　　　　一、标准化操作流程　　　　　　　155

二、服务流程制定　　157
第四节　服务工具　　162
　　一、数字化软件　　163
　　二、客服人员　　163
　　三、会员社群　　164
　　四、模型和表格　　165
本章小结　　168

CHAPTER 6　会员营销高手实战技巧　　170

第一节　牢记于心的实战心法　　171
　　一、会员制矩阵　　171
　　二、提升客单价　　173
　　三、优先卖会员　　174
第二节　销售会员卡的7个要点　　175
　　一、储值的黄金比例　　176
　　二、避免储值赠送金额　　178
　　三、设置显著的层级落差　　179
　　四、引导购买消耗储值　　181
　　五、灵活设计并使用提货卡　　184
　　六、宣传配套品尽量多　　186
　　七、回款要简单粗暴　　187
第三节　会员产品的定价策略　　188
　　一、4种最常见的定价方法　　189
　　二、常见会员制产品的定价策略　　190
本章小结　　195

CHAPTER 7 战略意义上的会员模式 197

第一节　商业模式的演进规律　200
　　一、卖产品　201
　　二、卖会员　202
　　三、卖模式　203
　　四、卖预期　205
第二节　会员制销售　207
第三节　会员制招商　214
第四节　会员制融资　218
本章小结　224

CHAPTER 8 深度拆解会员制矩阵案例 225

第一节　会员体系迭代历程　227
　　一、1.0 拿来主义阶段　228
　　二、2.0 积极应用阶段　231
　　三、3.0 模式创新阶段　237
　　四、4.0 自主研发阶段　241
第二节　会员制矩阵案例分析　246
本章小结　253

第一章
赢得未来的会员经济

全方位地认识会员经济，需要对会员制的实施方案及商业模式进行全面的了解。

未来大部分面向普通消费市场的商业模式，都将是以会员制来运转的。**如果你的组织（机构、企业）不能有效建立自己的会员体系，你将丧失竞争力和主动权。**我们做出这一判断，是基于以下3个无可争辩的事实。

第一，世界商业的运营逻辑已经从以产品或服务为中心转变为以人（客户、会员）为中心。

第二，商品普遍供给大于需求，市场竞争从增量竞争转变为存量竞争，这就需要考验企业的精细化运营能力。

第三，组织（机构、企业）的日常运营已经离不开数字化工具的应用，降低成本和提高效率更加需要良好的数据管理能力。

我们的组织（机构、企业）必须要有应对未来环境（市场）变化的方法，发展会员经济无疑是最可行的。这本书将在你的经营管理生涯中产生深刻的影响，它将带领你学会以下内容。

（1）用科学和完整的方法论来设计和实施属于自己的会员制、会员矩阵、会员体系。

（2）评价自己或者其他组织（机构、企业）的会员制是否有效、存在哪些问题、如何去改进等。

（3）把常规的客户服务体系升级为更符合自己业务场景和长远发展的会员客户服务体系。

（4）掌握并运用会员制来提升客单价和营业收入等许多营销高手秘而不宣的实战技巧。

（5）在战略意义上运用会员制，使企业的商业模式具有较强的竞争性及广泛的发展空间，从而更顺利地获得社会融资和达成商务合作。

以上只是列举了学习本书可能会得到的收获，当然更多的收获还要读者亲自来阅读、思考和实践。

第一节　什么是会员经济

下面，我先从什么是会员经济开始讲起。

"经济"一词，从汉语的词源来看，是"经世济民""经邦济世"等词的缩写。"经"来自"经纬"，"经"是纵线，"纬"是横线。"经"有包括一切和为一切定规则的含义；"济"有"补给""养育"的意思，就是使人得以生存。所以，经济就是人们社会生活赖以运转的一套体系或一个系统。与之相似，按照马克思政治经济学的观点，经济是社会生产关系和社会生产力的总和；在百度百科对经济的若干定义中，有一条是这样说的："经济是指人们如何在有限的资源下，生产、分配和消费物质和服务的活动。经济研究了人类如何管理资源，以满足人们的需求和欲望。"

一般来说，"经济"不但是一个名词，还可以是一个形容词，比如说一件事情不经济，就是说由于没有控制好成本而没有达到期望的投入产出比。这样，我们对经济就理解得比较透彻了。

宏观上，经济可以是整个世界的、一个国家的经济；微观上，经济可以指一个家庭或者一个人的财产管理。本书所研究的会员经济，指的是围绕会员制而展开的一套经济系统，它既包括了宏观上的面向特定人群的组织形式和商业模式，也包括了微观上的产品、服务、产品和服务的组合，以及与之相关的营销手段等。本书力图从理论到实操，为会员经济搭建起一套完整的解释框架，为读者提供从实施方案到商业模式的会员经济全景图。

为避免读者对概念产生混淆，本书将关于"会员"的几个概念定义如下。

会员是指以支付会员费或符合一定条件而加入某个组织（机构、企业）、享有特定权益和服务的个人或团体。通过成为会员，人们可以增加与组织（机构、企业）的联系和互动，获得更多的机会和权益，实现共同利益。

会员制是组织（机构、企业）发展会员和服务会员的一套机制。

会员体系是一个组织（机构、企业）的会员制的总和。也就是说，同一组织（机构、企业）可以拥有多套会员制，共同构成该组织（机构、企业）的会员体系。

会员系统是指用于管理组织（机构、企业）的会员制和会员体系的信息化、数字化互联网工具。

会员经济是从经济学视角分析会员制，是指围绕着会员制而展开的一套经济系统。

会员制组织包括营利性组织（以商业机构为主）和非营利性组织（以社会团体为主），是否收费与是否形成盈利，并不取决于该组织是否为营利性组织。本书认为，会员制只要有收费存在，那么在概念上就都可以归为商业范畴。因此，本书的写作方针和使用的案例，会尽可能地保证全面性，在无法保证全面性的前提下，将优先讨论商业范畴的会员经济。

第二节 会员经济的历史渊源

依据业界内的共识，会员经济的起源可以追溯到古代的行会制度。行会是由同一行业或职业的人组成的协会，旨在保护成员的权益，促进行业的发展与合作。行会会员通过支付会费，并接受行会的规章制度和管理，享受行会提供的各种福利和资源。

行会是伴随着商业的发展自然而然形成的，正所谓物以类聚、人以群分，从事相似行业的人在竞争与合作中，为了保护和发展自身的利益，逐渐形成了联盟组织。所以在世界各国的商业历史上都出现了各自的行会。在西方，行会制度最早起源于古代的埃及、巴比伦和古希腊罗马时期。而在中国古代，行会的起源可以追溯到商朝和周朝时期。在发展初期，行会主要作为行业管理的工具。行会会员通过集体行动来维护自身利益，并在行业内传承技艺和知识。

后来，行会的发展越来越专业化，行会制度在中世纪的欧洲发展到了一个相对成熟的时期。各行各业的工匠、商人和专业人士组成了各种行会组织，如金匠行会、铁匠行会、裁缝行会等。行会通过制定规章制度、管理行业标准和质量，为成员提供保护、培训和福利。相关从业人员通常需要经过一段时间的学徒期来学习技艺和规范，才能成为正式会员。

随着时间的推移，行会制度逐渐演变为更广泛的会员制度。15～17世纪的欧洲，商业的服务层次已经体现出很大的高低差异，既有服务贵族的，也有服务平民的。封建贵族阶层为了将自身与平民阶层区隔开来，在酒吧、饭店等商业机构里，按照不同的身份，创建了各种类型的封闭式俱乐部，即会员俱乐部，也叫贵宾俱乐部或VIP俱乐部。世界上最早有据可查的会员制俱乐部是17世纪初期（1603年）在英国伦敦设立的"美人鱼俱乐部"，当时的英国大力发展海上贸易和支持海上掠夺，该俱乐部就是大海盗沃尔特·罗利爵士和他的同伙们用于聚会和商讨事务的地方。

在18世纪和19世纪的工业革命时期，伴随着商业的高速发展，会员制也得到了进一步的发展并推广至社会各界。各种社会团体、合作社和组织开始采用会员制，以实现成员的共同利益和目标，并提供特定的福利和待遇。

由此可见，从会员制起源到18世纪或19世纪的上千年历史里，会员经济主要为圈层式会员制（本书所总结的四大会员制类型之一）。有学者考证，大约在17世纪的英国开始出现商业性质的图书和报刊的订阅服务，这是订阅式会员制的开端。

订阅式会员制特别适合内容简单、周期重复的产品和服务，如订报纸、订杂志、订牛奶等。于是第一次工业革命之后，在英国和美国所领导的经济全球化中，订阅式会员制得到了广泛普及，会员经济影响了世界各国的商业模式，一些跨国企业成为富可敌国的全球化公司。其中有些是我们研究会员经济一定要知道的，例如，全球第一大会员制连锁仓储式零售商、全球第三大零售商开市客，全球最大的电商集团亚马逊（Amazon）等。

积分式会员制则是在20世纪中期计算机出现并得到普遍应用，人们在有了信息化的手段并能够通过计算机来自动记录积分之后，才蓬勃发展起来的。

到了现代，会员制已经成为各种营利性或非营利性组织（机构）中常见的组织形式。商业企业、社会组织、专业协会、基金会、行业联盟、社交网络等都在广泛采用会员制度并将其作为自己的组织形式，它们通过发展会员和服务会员来实现组织（机构、企业）的发展目标。

第三节 会员制的基本原理

通过对会员经济历史脉络的梳理，人们揭示了会员制的根本属性——身份，以及与之对应的特权。

在《论语·子路》中孔子有言："名不正，则言不顺；言不顺，则事不成；事不成，则礼乐不兴；礼乐不兴，则刑罚不中；刑罚不中，则民无所措手足。"孔子的这番话，指出了"名"的重要性。他教导我们，做"事"之前要先立"名"。一个企业要开拓一项新业务，首先要找到负责新业务的人，并给这位负责人明确的岗位，从而才能给他确定的权责利。正所谓"师出有名"，这个"先有名，后有实"的顺序非常重要，如果弄反了，事情就不好办或者办不好。

放在会员制上面看，商家为客户创造会员的身份，其本质就是在给客户立"名"。客户有了会员的名义和身份，他享受会员的权益就顺理成章了，商家所设计的一整套会员服务系统才能运转起来。

所以，会员的第一重性质，就是身份。

一、会员的本质是身份特权

在商业范围内，会员的特权就是得到商家有差别的对待。

拥有会员身份的客户会认为自己理所当然应该得到商家的优待，我们把这种现象叫作客户对会员身份的心理预期。例如，商家为会员优先安排更好的座位（房间），让会员享有比非会员更优惠的价格，给会员赠送专属的礼品，为会员提供品质更高或数量有限的产品（服务）等。反过来看，如果会员没有得到他们所预期的优先的差别对待，那么这种能让他们产生愉悦的身份感也就没有了，他们可能会放弃自己的会员身份。

客户的心理是非常有意思的，当其对自己的身份特权有心理预期时，就会倾向于去行权，也就是去实现他们的心理预期。而我们要做的就是用好会员制，为客户去创造这种心理预期。

会员的特权是商家和客户通过共同让渡一些权利而人为地创造出来的，双方为特权的享有者创造了"会员"的身份，使其具备了合法性。它是双向发力的结果，是商家与顾客之间的一种契约，而不是商家的一厢情愿。通常来说，普遍的会员特权就是商家让渡了交易的部分利润，客户则让渡了自己的优先选择权。

早期的会员制在刚刚被引进国内的时候，会员的名称常常被叫作 VIP（Very Important Person），也就是非常重要的人。非常重要的人自然要区别于普通客户，所以他们需要拥有一些普通客户所没有的特权，来彰显其重要性。例如，很多高端的场所只接待有 VIP 卡的客户，非持卡的准客户可能再有付费能力也无法得到接待。

会员特权存在的前提是资源有限性，或称资源稀缺性，正是这种有限性或稀缺性才能获得人们对会员身份价值的认可。资源是有限的，无论是商家提供的产品资源、服务资源，还是客户的经济资源、时间资源，都是有限的，特别是大家都认为重要的资源，它的稀缺性一定要被强调出来，这样才会有双方共同努力去实现资源匹配、实现双方价值最大化的良性局面。

举一个服务业的案例，一家茶馆的会员特权除了包含常规的会员折扣，还可以包含一些符合茶馆本身业务特点的服务，具体内容如下所述。

（1）为会员提供专门存放茶叶和茶器的柜子。

（2）指派专门的客服人员为会员提供预订和提前布置茶席等服务。

（3）预留一两个最好的房间为会员专用。

（4）每年定制少量只有会员能购买或者获赠的高端茶叶。

（5）组织达到一定级别的会员免费到武夷山或云南的茶山旅游。

（6）会员用茶或者就餐时会有免费赠送的福利，如免费茶点。

（7）会员可免费参加高端茶叶品鉴会等社群文化活动。

以上内容是为读者提供一些如何凸显资源稀缺性的操作思路。既然明白了稀缺性是会员特权的来源，我们作为经营者就应当认真地去思考：自身的资源有哪些稀缺性的价值？从中能提炼并设计出哪些有价值感的会员权益？

希望经营者能站在客观的角度看待那些成为会员的客户，他们都是你的贵人。市场的竞争是很激烈的,当面对市场众多的选择时,他们选择了你,这是双方的缘分,更是你的福气。你的会员如果在相当长的一段时间里,在有众多替代选择的情况下,仍然优先使用你的产品或者服务,就是对你的信任,是对你真金白银的支持。作为商家要心怀感恩,不要使会员的优待流于形式。

二、会员制的目的是持续成交

会员制的目的是实现持续成交。

只有持续成交的会员,才是真正意义上的有效会员。那些注册或储值后一直都没有复购的会员,只能叫作临时客户,还没有成为有长期价值的会员,所以发掘新客户未必是最重要的。对于一家度过了初创期的企业,持续地去激活老客户所花费的时间,在整个营销工作的计划和安排中,至少要占据30%以上的时间比例。

对于持续成交,我们可以从时间的长度和类目的广度这两个视角分别去理解。时间的长度,就是要让客户在我们这里呆得够久,还要有一定的活跃度,保持理想的复购率;而类目的广度,就是要引导客户购买更多种类的产品,并且不断尝试把客单价往上提升。

从客观上看,会员制能够使供给侧和需求侧更有效率地连接起来。在这个供给过剩的时代,更优质的供给侧资源、更有性价比的产品和服务，仍然是海量潜在消费群体的最根本的需求。把优质的产品和服务，留给数量有限的会员，这样的成交逻辑是符合常理的。

作为经营者，我们自然希望成交很多的客户，同时希望更多的客户产生复购，从新客户转变为老客户，形成良好的共生关系。当从长期的视角去看待与客户之间的共生关系时，我们对于成交的理解就变得更加宽泛，进而能够从更客观、更长远的角度去评估自己的工作。

成交，并不仅限于金钱和产品的交付，一切对我们有利的价值都可以成为成交对象。

不光是产品和服务，我们和客户之间还可以成交很多内容。例如，一种对我们专业能力的信任、一次购买某种产品的口头承诺，以及客户给我们转介绍客户、给我们做债权和股权的投资、主动地了解和宣传我们的商业模式等。这些都可以成为我们和客户成交的内容。

成交的底层逻辑是信任，对单个客户而言，对我们的信任度越高，他选择在我们这里购买的产品种类就越多，成交的客单价也就越高。建立信任的方法很多，例如，依靠专业的地位，依靠客户的转介绍，依靠长期的交往等。由一次又一次的成交而建立的信任，比较容易形成正向的闭环，所以要有价格从低到高的产品层次，并且一定要去大胆地促进成交。

华饮小茶馆就是一个非常好的案例,这所茶馆部分门店的投资者一开始只是附近的客户,因为经常到店里来喝茶,一来二去就和华饮小茶馆的店员成了朋友,从普通会员逐步升级为黄金会员。一些对生意敏感的客户慢慢发现华饮小茶馆的会员体系设计得很精妙,只要是在小茶馆的服务范围之内,客户一旦成为其会员就很难再去选择别家茶馆。当客户发现这一点之后,就会对华饮小茶馆的经营理念越来越了解、越来越认同,一些有投资意向的老客户就可能想要投资这家小茶馆,并且参与经营。这样,客户不仅能以更低的成本获得服务,还能获得经营的利润。所以华饮小茶馆能够开出很多家连锁分店的原因,就是一些老会员主动成为新门店的股东。

这就是一种良好的共生关系,经营者要为构建这种关系提早准备好条件。这就要求我们对自己提供的所有成交内容有充分的认识,并且不断去丰富成交内容,从而使更多人与我们达成交易。

当然,我们也必须注意到,并非所有的商家都适合选择会员制来开展经营,例如,火车站内的超市、飞机场里的餐饮店等。这类生意都是一次性的,处于这些位置的经营者也许考虑的就是做"一锤子买卖",反正客户可能只到店里来一次,所以就把客户能创造的利润一次性争取到最大化。虽然我对此并不认同,但是它确实是一种商业现象。

现在借助信息化的工具,很多这种类型的商家也在发生变化,一方面很多超市、餐饮店的发展走向品牌化和连锁化了，不再是单店经营，这些店有能力让客户产生复购；另一方面线上商城开通了，客户有可能成为这些品牌的网店会员，可以在网上再次或多次购买该商家的产品。这就引导着商家去改变原有的观念。

三、会员制的作用是双向共赢

会员经济的内在要求是双向共赢，只有组织和会员、商家和客户的利益都得到了彰显，一个会员体系才算是良性的、可持续性的。

如何理解会员经济的双向共赢？作为经营者，我们应该对会员制的作用和价值有一个全面且充分的认识，在这里我进行一下梳理。首先，对商业类的组织来说，会员制一般有以下 8 个作用。

（一）提前回收一笔资金

提前回收资金主要针对储值式会员制和订阅式会员制，特别是实体门店最常用的储值式会员制。储值式会员制通过折扣、赠品等方式来吸引客户储值，提前锁定客户未来的消费，使门店有更多的资金储备。这也是普通商家最为关心的、比较容易操作的、获取现金流比较容易的一种方式。

需要特别注意的是，储值是预付款，不能计入营业收入，我们最好设立专门的账户来管理这笔钱。特别是当我们经营的时间足够长时，储值金额可能会很大，如果出现储值会员集中退款的情况，企业的资金链可能会断裂。事实上，正因为会员储值比较容易实现，而普通商家自身的财务约束能力又不够，所以挪用会员储值的情况非常普遍，并且造成了大量的纠纷。

（二）锁定一个长期客户

锁定一个长期客户，就是增强客户的忠诚度和黏性。当客户注册成为会员，特别是成为储值式会员或订阅式会员时，就是默认了在未来相当长的一段时间里会优先选择我们。这种优先选择是指，不论在物理空间上还是在产品采购上，会员都会主动地优先考虑我们。例如，在距离较近的时候，优先选择到达我们的门店；在有其他选择的时候，优先使用我们的 App；在其他公司也提供类似产品的时候，优先联系我们的销售人员。

我们未必是客户在这项需求上的唯一选择，但是会员制使客户形成了一种排他性的选择。会员选择了我们，就意味着自行排除了其他的选择。这点非常重要，经营者必须高度重视，这种锁定一个长期客户的意义是很大的，我们不应该被单次利润所蒙蔽。所以经营者在设计经营目标时，必须重点考虑这方面的价值，也就是要考虑如何经营客户的终身价值。

（三）提升消费客单价

会员本身也是一种产品或服务，有经验的经营者在实践中会很快发现一个有趣的现象：把多个产品以会员的名义打包成一个产品包，往往会比卖单个产品更容易。

仔细分析，这种现象反映了客户的两种心理：一是占便宜的心理，二是简化决策的心理。客户通常有占便宜的心理诉求，都希望在结账的时候能够得到一些无条件的优惠或者赠送，同时也希望一次购物就把自己的若干需求一并解决掉。会员制实际上就充分利用了客户的心态，把客户期望得到的"无条件"转变为"可以接受的条件"。

当客户提出单次消费金额偏高时，商家如果主动告知客户注册会员或者储值会员就能得到优惠，客户就会在心里算一笔账，计算值不值得去享有这种"优惠"。此时，如果商家把营销条件设计得足够有吸引力，就有可能以会员产品包的名义实现一些连带销售，从而大大提高本次交易的客单价。

（四）提升客户消费频次

提升客户的消费频次，就是提高客户的活跃度。理论上，客户成为会员之后，他在选择相同或相似的产品和服务时会优先选择我们，同时他消费此类产品和服务的习惯会逐步形成，并且消费频次也会逐渐提高，从而产生更高的客户终身价值。当然这也并非理所当然，很大比例的客户即使已经注册或者储值成为会员，也会因为各种原因而流失或者沉寂，经营者要不断地去刺激会员的活跃度。

为了促进会员消费频次的提升，本书的后续章节总结了很多具体的方法和案例。例如，通过把储值式会员转变为订阅式会员，在机制上把会员服务周期化；又如，经营者通过训练和监督一线员工，要求他们添加会员的个人微信，经常主动邀请会员到店消费或者免费品鉴，以促进会员形成消费的习惯。

（五）简化客户消费决策

简化客户消费决策的方法一般包括减少客户的选择、使客户明确购买的目标、提出专业的意见、给出具体的预算等，这些方法和会员制的逻辑恰好吻合。

当客户同时面对多个产品要做出选择时，偏理性的客户会思考是不是紧迫的需求，偏感性的客户则会考虑价格是不是容易接受。会员制的逻辑是不直接卖一个产品，而是卖一个特权，有时候连带着一个产品包，给出一个比单独购买产品明显更划算的价格，以此减少客户的选择。这样一来，客户会有占到便宜的感觉，而且会把需求是否紧迫的顾虑消除了。尤其是在首次成交的时候，购买会员可能比购买产品更容易成交。

例如，一些采取会员制的社交电商平台，它们的产品价格很有竞争力，但是在平台上购物有门槛，就是要购买一个399元的会员资格,同时获赠一个价值超过 399 元的产品大礼包。这个大礼包里面的产品,如果要一项一项地分拆卖出去,其实并不容易。但是当销售逻辑转变为购买会员特权赠送产品大礼包之后,成交量就明显提高了。

(六)预留联系客户的理由

客户注册成为会员,一定也留下了联系方式,有些还与员工加了微信,这个举动就是默认给了商家主动去联系他们的理由,这是我们二次营销的基础。

这里面隐藏着一种非常微妙的消费心态。当客户没有成为会员的时候,商家主动联系他,他有可能会感觉自己的隐私被侵犯了;当客户成为会员之后,如果商家不主动联系他,他反而会觉得自己的会员权益没有得到保障,会要求商家有活动时及时通知他。所以,当我们推出某一项新的服务或者计划销售某一款特价产品时,可以用优先回馈会员的名义给会员打电话或者发信息。

(七)节省营销成本

营销学里有一个被普遍接受的原理,即获取一个新客户的成本,大约是引导老客户复购的成本的 5 倍。这个原理告诉我们:要重视维护老客户,把更多的资源投入到老客户的价值挖掘上,并且针对老客户进行营销还能够节省成本。当你的会员基数足够大时，你的私域流量池规模也会变得足够大，这就为你后续推出新的产品和服务提供了开展销售的名单和通道，从而节省了大量的获客成本和营销成本。

每一家企业的服务能力都有上限，按照不同的客单价和利润率，每个人服务的对象都有合理的数量范围。所以，当营销工作进入稳定期之后，我们就不会再花费大量的精力去拓展新客户，而是会在老客户维护和新客户拓展之间平衡分配精力。将老客户变成会员，能有效避免老客户的流失、增加老客户的复购和引导老客户进行转介绍，从而降低我们的营销成本。

（八）大数据营销的可能

此处讨论的大数据营销并非面向会员再次做营销，而是基于大量的会员消费数据、行为数据、标签数据等，在数据脱敏、不侵犯会员隐私的前提下，形成的数据分析、研究报告、行业预测、培训咨询等服务业务。这些业务可能成为企业的额外收入来源，甚至帮助企业发展出第二增长曲线。

要实现这一可能性，对企业来说也并非易事。首先，要有海量的会员数据，这需要企业达到一定的规模，会员的基数、会员的增量、会员的日交易量都要足够大,如果数据量不够大,就无法形成大数据,反映不出消费背后的趋势和规律。其次,企业要有相关方面的人才储备,这些人才不但要有能力对数据进行处理和分析,还要有能力把结果转变为可商业化的产品和服务。

总结完了会员制对于商业类组织的 8 个作用,我再来梳理一下会员制对于会员的三大价值。

(一)得到了实惠和特权

实惠和特权都是会员的权益,它们都具有排他性,不是会员就享受不到,这是客户愿意付费成为会员的根本目的。其中,实惠是最显而易见的价值,在大部分商业类组织中,客户之所以付费成为会员就是为了少花钱。实惠不仅体现在价格上,还体现在品质上,实惠就是用更少的钱买到更好的产品和服务。而特权作为会员的权益,它的表现形式非常多,不胜枚举,例如,更好的服务体验,专属的消费空间,限时限量的礼品赠送,主题性的会员社群,内部分享的机密、信息、资讯、机会等。

(二)降低了决策的成本

成为会员之前,客户在购买某些产品和服务时可能会花大量的时间去对比各个平台上的产品和价格,如果面对一个新的平台,那么还要纠结在这个平台上交易是否可能存在风险。这些都是客户花在决策上的时间和精力成本。成为会员之后,客户几乎就不用再在决策上浪费时间了,有些平台可能还会为会员提供一些决策建议,也就是说会员制为客户提供了决策支持。

(三)获得了内容方面的价值

内容方面的价值主要包括学习价值和社交价值。会员体系往往会通过社群来提供服务,会员可以在会员社群里学习关于产品和服务的相关知识,还能获取一些内部分享的机密、信息、资讯、机会等,也能在社群中参加各类主题的线下和线上活动,交到更多志同道合的朋友,获得身份认同感和归属感,以及与之而来的幸福感和快乐感。内容方面的价值属于会员制的衍生价值,但是这部分价值的作用越来越明显,也越来越受重视,逐渐成为区分高水平商家和普通商家的分水岭。

第四节 会员经济的客观条件

认识客观世界是很困难的。

作为一个严肃的课题研究者或者企业经营者，我们必须经常性地提醒自己，一个人不可能完全认识自己所处的客观世界。因为一个人不可能完全掌握客观世界的所有信息，客观世界是处在持续不断地动态发展之中的。我们只能尽可能多地去掌握客观世界的信息，最大可能地去还原客观世界的原貌，从而做出符合客观规律的行动。

有了这个认识，再来看自己所处的市场环境，我们对于竞争这件事的理解就会完全不一样了。大部分的企业经营者，都低估了自身面临的竞争环境的激烈程度和残酷程度，所以初创企业3年的存活率不到10%。

一、看不见的竞争

举一个我比较熟悉的区域和行业案例。中关村西区是一片总面积不到3平方千米的高端商业区，这里汇集了很多上市公司和央企总部，如京东、新东方、中国铁建、国机集团等。这片区域的住宅很少，主要是写字楼和商场，每天有三四十万人在上班时间涌入、在下班时间涌出，加上商场的人流量，这一片小小的区域每天的人流量在50万人上下，属于北京商业最活跃的区域之一。

假设现在你计划在这一片区域开一家茶馆，除了要考察市场可能的空间和你能承受的启动成本，你很容易忽略考察这一片区域内开茶馆面临的竞争究竟有多大。例如，自己依靠纯粹的市场竞争能拿到多大的市场份额，拿到的市场份额是否足以让自己生存和发展……这些现实的竞争问题都需要你认真去思考。

事实上，一家线下实体店的服务范围通常是两三千米之内，这也恰好是整个中关村西区的大致范围，因此可以确定这片区域的日常人流量是这家新开茶馆的客户来源。然而这50万人的人流量都是有效流量吗？显然不可能。只有有中高端商务接待需求的客户，才是有可能到店消费的客户，实际上有效的潜在客户也就是3万人左右。那么，有多少家店会和你的茶馆来瓜分这3万人呢？

如果你在这片区域搜索"茶馆"两个字，得到的结果只有2~3家，你的第一反应可能是没有什么直接的竞争，或者是该区域的经营成本太高，茶馆的盈利能力不足在本区域生存。虽然这两种猜测都有一定依据，但是离真正的客观事实还很远，你还有很多的调研工作要做。茶馆有可能是直接和咖啡馆、茶饮店、商务餐馆等业态竞争的。事实上仅这一区域就有120多家咖啡馆、70多家茶饮店，还有数十家可以进行商务接待的中高端餐馆。另外，还有一些业态可能不直接和茶馆竞争，但是也在分流茶馆的潜在客户，如足浴店、按摩店、SPA店、台球室等，它们同样是商务人群休闲娱乐可能会去的地方。

经营者除了要关注自己能看到的竞争对手，还要去寻找和观察那些自己看不到的竞争对手，去深刻地洞察自己所处的商业环境。当你充分认识到这些事情时，你对竞争的理解才算是比较客观了。看不见的竞争，如图 1-1 所示。

图 1-1　看不见的竞争

真正的客观世界是：首先，你有机会接触的潜在客户资源是极其有限的；其次，在你看不见的地方隐藏着很多你并不知道的竞争对手；再次，你不知道你的潜在竞争对手是用什么样的方式在和你竞争。你可能认为自己对客户的服务已经很到位了，但是你并不知道你的竞争对手的服务比你的服务要好很多，因为你看不见你的竞争对手是怎样去服务客户的。

所以，这就是为什么我们一定要发展会员经济，一定要做好自己的会员制。普通商家必定没有能力做出完全差异化的产品和服务，只有通过做好自己的会员制，才能建立一个具有相对排他性的、能够被掌控的市场环境。

二、适用的商业形态

会员制是"灵丹妙药",但是会员制不能"包治百病"。

有些商业形态特别适合使用会员制,但也有些商业形态不那么适合或者说没什么必要使用会员制。例如,某些只服务特定的一个或者几个大客户、并不需要拓展新客户的生意模式;又如,专门做政府业务,或主要依靠公关来推动业务的生意模式;再如,没有复购率或者复购率极低的生意模式(如殡葬业),这些行业大概率不需要学习会员制商业模式。

与之相反,有哪些商业形态特别适合会员制呢?我总结出了以下5种行业。

(一)需要服务大量客户的行业

需要服务大量客户的行业一般是直接面向终端消费者的行业。一个行业如果需要大量持续不断的客户,则一定需要在吸引新客户和留存老客户上投入较大比例的营销费用,那么会员制就是它的必选项,如零售业、酒店业、娱乐业、餐饮业、美容业等。

(二)需要提供专属服务的行业

专属服务本身就是会员特权的表现,如各种类型的商会、协会、学会、私人俱乐部、高级餐厅、高尔夫球场等。

（三）需要一定复购率的行业

一般来说，复购率越高则毛利率越低，因此毛利率低的行业的出路要么是做大客户数量，要么是提高复购率，所以也特别适合采用会员制，如超市、快餐店等。还有些行业毛利率未必低，同时复购率也很高，当然更适合采用会员制，如互联网应用。

（四）产品和服务模式简单的行业

产品和服务的模式简单甚至单一，客户会更容易理解和接受，商家与客户之间就不容易受业务壁垒的影响。为了提高复购率，商家应积极使用会员制，如订报纸、订牛奶、订鲜花、订快消品等。

（五）服务体验差距可以拉开的行业

对于同样的或者相似的服务，如果可以人为地把会员服务和非会员服务的体验拉开明显差距，塑造出会员服务显著的价值，自然也会非常有利于发展会员制。这种情况在很多互联网应用上得到了充分体现，例如，百度网盘的付费会员能够用更快的速度上传和下载数据，能够有超大的云盘空间，能够保存无损画质的源视频，但是没有付费的非会员就无法享受上述服务，两者之间的体验差距非常明显。

三、会员和私域的关系

"私域"是近年在营销界非常有影响一个词。私域、私域流量是伴随着微商的发展而形成的一种运营方法论。

私域流量是指我们能够通过自有的工具和渠道触达的客户，和公域流量是一对相对应的概念。公域流量指的是大型网络平台和媒体（微博、抖音、美团、电视台、楼宇广告等）所提供的流量；私域流量指的是通过自己的个人微信号、企业微信号、微信群、公众号、视频号、小程序、手机号、个人抖音号等能直接地、主动地触达的客户流量。从严格意义上讲，除了个人微信号和手机号，其余的工具都未必能确保我们一定能触达客户。

从定义上来看，会员的概念范畴和私域流量的概念范畴是有一定重合的，会员和私域的关系，如图1-2所示。如果确认能够随时、直接地触达会员，会员就是一种私域流量。从词性本源来看，"私域"这个词更侧重于描述一种客观存在的现象，而"会员"这个词则更侧重于描述一种经营和营销的方法。当然，任何概念都会在应用的过程中，伴随着人们对其认识的加深而形成概念的外延。

会员 高价值 私域

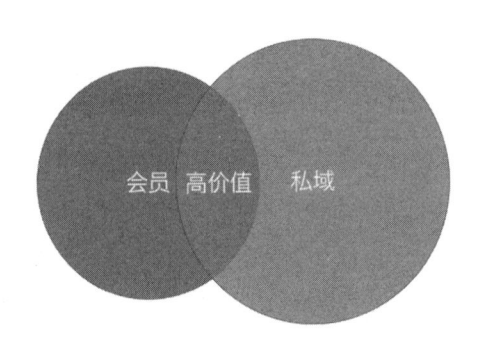

图 1-2 会员和私域的关系

私域流量的运营方法，同样也适用于会员经济。

第一步，设法在公域流量池里获得流量，将公域流量导入私域流量池。通过在公域投广告、发内容等方式获得订单，订单上有客户的联系方式，再通过打电话引导客户加上我们的个人微信或企业微信，抑或是加入我们的微信群，完成从公域流量到私域流量的转变。

第二步，在我们自己的私域流量池里引导客户复购。当然这里边有很多技巧和需要注意的地方，否则客户会因为被打扰而离开。目前最常用的方法有两种：一种是通过个人微信号或者企业微信号直接向客户推送产品优惠的信息；另一种是把客户拉进微信群，在群里推送产品优惠信息。

显然，在私域运营的两大步骤中，会员制都可以作为工具融入，使客户后续有更好的留存率和复购率。

四、会员经济的负面影响

凡事都有两面性,会员经济也必然是优势与劣势并存的。人类社会的各种组织形态都是受生产力和生产关系的约束,并与其辩证统一的。社会的生产力和生产关系发展到当下阶段,会员经济恰好生逢其时。所以,会员经济在能够让社会组织更好地服务其会员、让企业单位更好地服务其客户的同时,也会有一些潜在的、可能的负面影响。

(一)会员隐私被泄露及过度使用等相关风险

在会员制的框架下,会员为了获得更多的消费权益,默认让渡更多的隐私给商家或组织。由于会员在心理上对商家或组织信任程度较高,如果对方滥用了会员的信任,就会有会员隐私被泄露的风险,导致会员的隐私权受到侵害,造成一些不愉快,甚至构成违法犯罪。例如,企业对其会员进行过度营销,频繁地给会员打电话、发信息,使得会员不堪其扰;将会员的联系方式转卖给其他企业,使会员多次被不了解的营销机构骚扰。

另外,由于有的会员身份有时效限制,导致会员可能会担心错过享受某些服务而过度地消耗时间、沉迷网络。例如,客户购买了某视频的月卡会员之后,在当月过度沉迷追剧,视力严重下降,健康受到影响。

（二）企业过度依赖会员而产生长期经营风险

如果会员制发展得好，企业有了一定基数的会员，那么企业的现金流和利润就会比较稳定。这种稳定可能会让企业产生一种虚假的安全感，误以为自己不需要做出调整或者改进服务了，因为会员们看起来似乎很忠实，并且对企业的产品和服务很满意。企业有可能因此停止或者减少在研发新产品、提高自身服务能力、扩大市场占有率上的投入，从而不知不觉地丧失了市场竞争力，陷入"温水煮青蛙"的局面。

会员制通常有一个隐含的假设，即会员费长期不变。当企业想要提高会员费的时候，可能会引发大量老会员的不理解甚至流失。有些企业在抢占市场的时候，对早期的会员收费过低。当市场趋于平稳之后，企业可能会提高新会员的收费，来补贴前面老会员的会员费，一旦收支难以平衡，企业就不得不提高对老会员的收费。这时候，如果大量老会员流失，企业就会非常被动。

当然，上述两种潜在的负面影响，都只属于策略和方法层面的问题，我们提前做一些预判和防范，是完全可以预防和解决这些问题的。

本章小结

（1）会员制的本质是一种身份和身份带来的特权，是由买卖双方通过一种心理默契建构起来的，是一种偏向于务虚的价值。我们做生意要懂得虚实结合，折扣是实，身份是虚，产品是实，服务是虚，虚实结合才能事半功倍。我们在设计会员体系的时候，不要只注重打折，而应更多着眼于为客户创造身份感，这样既不影响长期利润，也能为客户提供更有价值的服务。

（2）会员制的根本目的是实现持续成交，只有在我们这里持续成交、持续创造价值的客户才是真正意义上的会员。实现持续成交要注意以下两点：第一，成交不局限于现金交付，成交的范畴可以非常宽泛，凡是增强了我们与客户之间信任关系的动作和行为，都可以视为成交；第二，不追求单次利润的最大化，而是追求长期利润的最大化。

（3）会员制的作用是创造买卖双方的共赢局面。对商家来说，会员制有8个作用：提前回收一笔资金，锁定一个长期客户，提升消费客单价，提升客户的消费频次，简化客户的消费决策，预留联系客户的理由，节省营销成本，大数据营销的可能。而对客户来说，会员制有3个作用：得到了实惠和特权，降低了决策成本，获得了内容方面的价值。

（4）商业世界的真实竞争比人们看到的激烈万分，在当前的市场环境和技术条件下，运用会员经济是合乎生产力和生产关系发展的必然选择。会员制特别适用于需要服务大量客户的行业、需要提供专属服务的行业、需要一定复购率的行业、产品和服务模式简单的行业、服务体验差距可以拉开的行业。

第二章
会员制组织的 4 种类型

会员制在商业上的广泛运用发端于 17 世纪的欧洲，那里是现代资本主义和市场经济的发源地，但真正将会员制商业模式发扬光大的是美国。第二次工业革命之后，在发达国家中只有美国拥有足够庞大的国内市场和消费层次，足以产生出各种可以写进教科书的营销理论和案例。我们现在所熟知的会员组织的类型，都可以在美国找到它的母本和原型。

近 20 年，凭借互联网行业和大数据技术的飞速发展，中国在借鉴美国营销模式的基础上，立足于数量庞大的人口和层次丰富的市场，涌现出了为数众多的本土创新理论和案例。其中的一些理念和做法，已经青出于蓝而胜于蓝，并开始向全世界输出中国的营销理论和实践经验。

了解会员制组织的基本类型，可以为经营者设计自己的会员体系提供直接的参考和启发。对于会员制的类型，我研究的主要对象是中美两国的典型企业案例。

划分会员制的类型有很多种维度，例如，从实体和虚拟的维度可以分为线上和线下，从时间的维度可以分为终身和定期，从收费的维度可以分为付费和免费等。我认为最根本的还是从业务底层逻辑的维度出发，围绕着人、钱、事这三大要素去着手划分会员制的类型，基于此我总结出了会员制组织的 4 种类型：圈层式会员制、储值式会员制、订阅式会员制、积分式会员制。

以上 4 种类型囊括了我们已知的所有会员制组织，并且彼此之间相对独立，从名称上也能够体现出它们各自的性质，使人们比较容易理解。但我们不能完全割裂地去看待它们，因为在现实中所采用的会员制大多数是它们的结合，如储值式会员制和积分式会员制通常会被结合在一起。下面是会员制组织的 4 种类型及其要素梳理（见表 2-1）。

表 2-1　会员制组织的 4 种类型及其要素梳理

类型	关注点	适用业态	是否付费	启动难度	商业价值
圈层式会员制	人	商会、协会、学会、校友会、私董会、俱乐部、车友会等	未必	大	高
储值式会员制	钱	健身房、按摩店、SPA 店、培训学校、餐饮店、KTV 等	是	中	高

续表

类型	关注点	适用业态	是否付费	启动难度	商业价值
订阅式会员制	事	报纸、杂志、牛奶、鲜花速递、提货卡、商旅卡、社交电商、会员制超市等	是	中	高
积分式会员制	事	普通超市、互联网App、信用卡、航空公司、网络游戏等	未必	小	中

第一节 圈层式会员制

圈层式会员制是最早的会员制，会员制从一开始就是为了特定圈层服务的（注意本书所指的会员制主要是商业范畴的会员制）。从17世纪起，由于工业和商业的大发展，欧洲开始大量出现为了服务贵族或者为了圈层社交而创立的各种俱乐部和沙龙，这就拉开了圈层式会员制的序幕。

圈层，或称圈子，顾名思义，是指特定的具有相似身份的人群，如老板、创业者、校友等。圈层式会员制，就是为服务有特定相似身份的人群所创立的会员体系。物以类聚，人以群分，原本圈层在人群中就是客观存在的，会员制不过是把圈子的界限给明确化或商业化了。

人们用以划分圈层的属性一般包括经济实力、社会身份、学历、性别、特殊资产、兴趣爱好等。因此，比较常见的圈层式会员制组织包括商会、协会、校友会、俱乐部、女性社群、车友会、读书会、钓友会、粉丝团等。

圈层式会员制的关注点在"人"，是围绕着"怎么服务特定人群"来设计和开展的一种会员制。

一、圈层式会员制的特点

圈层式会员制有以下几个特点。

（一）相对封闭

既然是只面向特定人群的会员制，圈层式会员制一定是相对封闭、排他的、有数量限制的，并且一定是有限制条件才能加入的，以此来保证组织的纯粹性。

基于彼此共同的经历、身份、诉求等属性，圈层式会员制在组织内部比较容易形成一定程度的认同感，会员之间虽然之前互不相识，但是加入共同的会员体系之后，大家就会快速地把对组织的认同感迁移到对个人的信任上。例如，在商协会里面，高级别的会员之间就比较容易在短时间内达成合作。所以圈层式会员制有很高的社交价值，特别适合相互之间可能存在大量资金往来的商界人士。

圈层式会员制组织不允许圈子之外的人加入进来,以此来保证这个组织的纯粹性。因此,圈层式会员制对组织管理人员的监督和管理职能有着很高的要求,如果管理者渎职破坏了组织的纯粹性,那么这个会员体系很可能就会面临破裂。

(二)筛选机制

筛选机制包括入会门槛和淘汰机制。

圈层式会员制要设置一定的入会门槛,想成为圈层式会员往往要通过正式会员的推荐和邀请,或者要办理一系列的申请手续。付费并不是成为圈层式会员的必要条件。成为圈层式会员的条件包括但不限于:

- 一定数量的会员推荐,如某些学术协会,入会需要 3 名以上正式会员同时推荐;
- 限制会员总数量,如某些协会的成员总数上限为 30 人,有人加入就必须有人退出;
- 要求验资,如某些高端的相亲组织或购房团会要求入会者提供资产证明;
- 要求做出某种行为,如申请入会的人要填写一份复杂的问卷,或经过几轮的考试、面试等;
- 条件不达标则淘汰,如会员存续期间会有考核和淘汰机制。

圈层式会员制的入会门槛和淘汰机制，是它区别于其他几类会员制组织的主要特征。

（三）专属服务

正是因为通过筛选机制实现了身份的稀缺性，圈层式会员往往会特别珍视自己的会员身份，并且以自己的会员身份为荣，行事风格也会遵循自己所属圈子的特殊价值观。有时候，圈层式会员的某些特殊表现会引来外部世界对这个圈子的关注，使得这个圈子的会员身份更有价值。

圈层式会员制往往会有一些特殊的专属服务来满足会员对于身份感的需求。例如，有自己的会所，且只有会员能够使用；有自己的会刊，且只有会员能够在会刊上面发表文章；享受餐厅里某些高档的食材，且只有会员能够享受。

圈层式会员制不一定收费，但是圈层式会员制是最容易实现超高收费的。在过去，一个高尔夫球场的会籍就可以卖到一年20万元，某些只服务极少数特定会员的俱乐部，它们的会员年费甚至可能高达上百万元。圈层式会员不一定有时间限制，有些是长期的，甚至是终身的，有些是短期的，如一年期或三年期。是否设置时间限制，主要和该圈层是否设置商业目标相关。一般来说，有明确收费标准的圈层式会员制都会有明确的会员期限。

二、圈层式会员制案例

下面我向大家介绍圈层式会员制的一个经典案例：哔哩哔哩（bilibili，以下简称 B 站）。

B 站早期是一个 ACG（动画、漫画、游戏）内容创作与分享的视频网站，网站提供了大量日本动漫的视频，还有很多 UP 主（上传发布视频的人）制作的优质原创视频。因为它具有优质的内容和调性，所以吸引了海量的动漫粉丝。B 站经过十几年的发展，从一个小网站成长为一个年收入上百亿元的上市公司。在这个过程中，它的会员体系设计功不可没。

B 站在早期的 4 年里，发展会员要遵循严格的邀请制，也就是不定期给一些高活跃度的会员发放邀请码，允许老会员邀请一些经过他们筛选的符合网站调性的新用户。因为邀请码数量很少，而且被邀请进来的新会员一旦有违规行为，邀请人的等级就会随之下调，甚至丧失会员资格，所以拿到邀请码的会员就会很珍惜这次邀请机会。因为邀请码在他们眼中是很有价值的东西，所以一定不会被浪费，并且一定会用来邀请那些和他们一样喜爱和了解动漫的人加入。

这样做的好处当然是很明显的。在整个社群最早的那几年，会员对自身身份的认同感和荣誉感极高，对社群活动的参与度也极高，共同创造了 B 站特有的原创文化。这种文化就是后来 B 站能够"破圈"的原始力量。

后来随着 B 站的访问量越来越大，邀请制已不能再满足大量新用户想要成为会员的意愿，B 站就放开了一小步，改为注册答题制。为了保证入会的用户都是真正的动漫粉丝，B 站要求新用户完成一项考试，也就是做一份 100 道题的问卷，出题范围包括动漫知识和社区规则，所以它的会员注册始终是有一定门槛的。B 站早期通过对社群文化的培养、对圈子会员的筛选，积聚了足够的力量，当这股力量强大到一定程度并被释放出来的时候就会势如破竹。截止到 2023 年年底，B 站会员数量已经达到了 3.36 亿人。

B 站的发展过程，是一个不断有意识地积聚能量，再一次又一次"破圈"的过程。思考一下，如果我们想要做一套圈层式会员制的体系，可以从这个案例中得到哪些经验和方法？我试着列举如下，供大家参考，不去讨论正确与否，而是关注与你自身的业务模式有多高的契合度。

（1）圈层式会员制非常适合有明显共同属性的人群，当有共同属性的人群达到一定数量时，就能够积聚强大的力量。发展到这个阶段对你的运营能力也有了很高的要求，要想经营好这类人群，运营他们共同关心的内容至关重要。

（2）圈层式会员制的核心驱动力和凝聚力一定是会员有共同

的属性、愿景、价值观等相对务虚的东西，是否付费并不重要，而且付费可能会伤害会员的认同感和主动性。如果选择付费，你要认真考虑付费可能造成的影响，并且去防范和降低付费给会员带来的不好的体验感，以求平衡商业利益。

第二节　储值式会员制

储值，顾名思义，就是把钱存着。储值式会员制是有实体门店的行业最常用、最主流、最容易见效的会员制形式。例如，餐饮娱乐行业的储值、教育培训行业的学费、零售商超的预售卡等，都属于储值式会员制的范畴。

储值式会员制的着眼点在"钱"，是围绕着"怎么提前收钱"来设计和开展的一种会员制。

一、储值式会员制的特点

储值式会员制要求会员预存一笔款项，同时商家在财务系统里为其建立一个账户，在会员消费时会从该账户中扣除相应金额。

储值式会员制和圈层式会员制是两种不同的路径，储值式会员制并不关心是什么属性的人加入了会员体系，它只关心加入会员体系的人是否能够达到预定的付费标准。

客户愿意成为储值式会员的前提通常是有价格优惠或有礼品赠送,储值账户的确也给客户和商家都带来了便利。客户成为会员后再次到店消费,直接划扣储值即可,同时还可以享受会员折扣价,既方便又实惠,并且会员在商家的财务系统里有储值,也会方便自己的亲朋好友来消费,无论自己是否到场,都可以买单。而对商家来说储值最大的好处就是提前回收了资金,并且锁定了客户的消费。

各种零售和服务的业态都在大力地推广储值式会员制,以美容美发店、足浴按摩店、健身房、餐饮业等最为典型,这些行业发展出了很多成熟有效的销售方法。此类行业的从业者通常会很自然地认为,搞会员制就是卖会员卡,首要的是卖储值式会员卡。虽然他们这么看问题有些偏颇,但是也有一定道理,说明卖储值式会员卡是被广大消费者欣然接受的一种销售方式。

对于刚开始研究自己会员制的商家,一般从储值式会员制入手比较可行。一来操作简单,容易出效果;二来有了效果之后,团队会产生信心、加强行动力,形成正反馈。

发展储值式会员制的关键点是找到针对业务的合理的储值金额区间,并且提出一套有吸引力的成交策略,以此来优化储值效率。我会在后面专门用一个章节来分享具体的做法。

当你的经营能力不断得到提升,并对会员制的理解更加深入之后，你就会意识到，发展储值式会员制不能无所顾忌，它有可能会带来两个比较明显且影响深远的弊端。

一是储值被挪用的风险。储值是预付款，并不是实际营业收入，自然就存在资金监管和托管的问题。实际上，中小微企业由于财务制度不完善，财务管理能力较弱，出现老板任意挪用会员储值的情况是很常见的，并且这些企业也不会准备一笔备用金来防范这一风险。如果会员总体储值规模较大，有两种情况都有可能会导致不可逆的影响：一种是如果会员大批量集中退款，可能会造成商家的资金链断裂，严重时可能会导致商家倒闭，老板信用破产；另一种是如果监管部门介入调查，会认定商家涉嫌非法向公众揽储，不但商家违法，而且法人还要担责。

二是对长期利润的损害。商家的短期利润和长期利润是相互矛盾的，在初创期，为了吸引客户储值，商家必然要大幅让利或者提供超值的赠品。商家为了更快发展起来，在早期牺牲短期利润无可厚非，但是如果商家已经进入了服务饱和期，却仍然采用原先的储值式会员制模式，就会造成实际营业收入下滑，影响商家的长期利润。当然，没有经验的经营者不必过于担心这个问题，因为这个问题在本书后续的章节中有相应的解决方案。

二、储值式会员制案例

接下来，我向大家介绍一个储值式会员制的案例：健身房。

健身房是典型的储值式会员制商业模式的采用者。健身房主要销售两类产品：年卡和私教课。这两类产品都是提前一次性收取全部费用，但是这笔费用的性质是储值，需要会员在未来的使用中不断消耗才能变成营收，所以这就会使储值式会员制产生相应的优势和弊端。（注：储值式会员制的储值和订阅式会员制的会员费有明显差异。）

健身房销售的两类产品，一般客单价都不会很低，至少都在千元以上。这和教育类项目有些相似，只要销售做得好，它的现金流是可以很稳健的。要把如此高客单价的产品卖出去，健身房主要依靠两个销售"武器"：一个是具备较好的硬件条件，如有足够大的面积和足够齐全的设备，最好能有游泳池；另一个是拥有狼性的销售团队，他们负责各种渠道的销售，不放过任何一个可能成为客户的人，邀约新客户到店体验并引导其购买年卡，等年卡会员开始到店健身之后，再推销私教课。

销售健身房的会员年卡，难度并不是很大，因为健身房虽然不是刚需，但是健身、健康或健美总有一项是客户需要的，所以只要能把准客户邀约到店进行体验，健身房的销售人员大概率都能够让客户办一张会员卡。从研究会员制的角度来看，这里最值得我们关注的是健身房成熟的销售经验。健身服务被整个打包成了一个年卡会员的形式，这样大大降低了准客户理解和接受这个产品的门槛，同时也降低了成交的难度。如果再搭配一个有吸引力的成交策略，例如，会员卡办一年送半年或办年卡送私教课等，几乎就能让每一位到店的客户都顺利办卡。

看到这里，你作为经营者要思考的是，自己所在的行业是否有一个类似健身房的收款模式？是否适合采用类似健身房的储值式会员制？

说完了健身房正面的销售事例，再说说其负面的销售现象。健身房和教育类项目相比，其现金流的稳定性要差很多，或者说维持现金流稳定性的难度会大很多，因为健身房几乎是一个纯线下的模式，很难通过向会员提供线上的付费服务来获取新的业务增长点。由于对营业面积、健身设施、课程服务都有一定的要求，健身房的早期资金投入必然不会很低。储值式会员制能够迅速回笼资金的好处显而易见，使得健身房基本形成了竭尽全力卖卡的做法。

健身房通常在开业之前就会雇佣人数众多的销售团队，同时给出很低的底薪和很高的提成，让销售们拼命地在健身房附近寻找客户。如果销售做得好，新开的健身房在开业之后不久就会回笼一大笔资金。但是，由于这笔资金的性质是储值，一些会员很有可能在中途因为各种原因而退款，并且由于会员交的是年费，如果在一年之内不加购私教课，那么会员将不会再产生更多的价值。这时，健身房就会出现开业初期收入多，往后收入却越来越少的现象。

这种现象显然是不健康的，如果把开业初期的收入平摊到一年或者两年，再扣除长期的成本之后，很有可能是不赚钱的。最容易出现问题的时候是在开业半年或一年之后，因为周边的客户已经开发得差不多了，新增客户减少，但是销售团队的人力成本并没有下降，再加上设备损耗导致的运维费用升高，问题就显现出来了。

看到这里，你已经了解了健身房的商业模式，如果对做生意比较熟悉的话，就会自然而然地考虑该怎么往下走，并且你会很容易找到答案，那就是再开一家店，再重新走一遍前面的流程，用新店刚开业的现金流去补贴前一家店出现的亏损，同时把前一家店多余的销售人员转移到新店去。

所以，健身房通常都是连锁店，因为它们一旦开始发展，就不能停下来。健身房的老板在掌握了开店的套路之后，工作重心就主要集中在两件事上面：一件事是管好销售团队，通过激励销售人员来获得市场的现金流；另一件事是融资，找投资人来快速地开新店，使得健身房的规模像滚雪球一样越滚越大。

储值式会员制能够让企业提前回笼资金，用得好的话有助于企业的发展。但是过度依赖储值式会员制就会有饮鸩止渴的风险，经营者应让企业发展的节奏和速度始终在自己的掌控之中，如果被迫陷入了需要不断创造现金流来填补亏空的境地，就要懂得及时止损。

第三节 订阅式会员制

"订阅"这个词,来自英文 Subscription,是定期支付一定金额以便接收或者使用某物的意思。订阅的对象最早是图书、报纸、杂志、电视频道等。所以,订阅式会员制是一种强调时效性的会员制度,通常以某一个时间阶段(如年、月)为时效单位来计量会员价值。

订阅式会员制的着眼点在"事",是针对某一项具体的服务所设计的一种会员制。

一、订阅式会员制的特点

订阅式会员制的商业模式非常适合内容简单、标准统一、周期重复的产品和服务。

"订阅"这个词,来源于报纸行业。以前人们是在报社订阅报纸,一次性交一年的费用,报纸通过邮政渠道来分发,每天邮递员都会把报纸送上门。订阅式会员制的模式很快被广泛采用,后来发展到了订牛奶、订餐、订货等服务。到现在,订阅式会员制已经成为互联网上应用最广泛的会员制模式,如腾讯视频、QQ 音乐、百度网盘等,我们在日常生活中接触到的各种应用都有可能在使用订阅式会员制。

订阅式会员制行业的收入来源就是会员费,它是以收取会员费为目的的，对产品、服务或权益进行一次性的集中销售。订阅式会员制有两个不同于储值式会员制的特点：第一，订阅式会员制收取的会员费是可以直接计入营业收入的；第二，订阅式会员制在有效期内，每次为会员提供服务所消耗的成本是差不多的。例如，订阅杂志，每年寄送 12 次，每次的成本都是一样的。而储值式会员制的会员每次消费的金额并不固定，消费次数也不受限。

订阅式会员制最突出的特点是灵活性，只要商家有足够的创意，完全可以在时间、空间、次数、金额上，搭配并设计出五花八门的会员卡种类，如机场贵宾厅不限使用次数的年卡、美容店向客人赠送的体验月卡、礼品公司的大闸蟹一次性兑换卡等。

常见的订阅式会员制有以下 3 种收费模式。

第一种是收取会员费，会员身份（会员卡）就是产品，商家收入的主要来源就是会员费。这类会员卡一般是在使用时间上有限制，而在使用次数上无限制，所以会员卡用的次数越多，会员获得的服务也就越多，如线上的腾讯视频、QQ 音乐，线下的开市客超市、京东的 Plus 会员卡等。对商家来说，这种收费模式的好处是购买即交付，也就是客户一旦购买会员卡就被视为开始接受会员服务了，并且退款的概率非常低。

第二种是和储值式会员制相似的收费模式，商家首先预收一个会员服务周期的费用，然后再分成多次去交付产品，通常是限定使用次数去交付具体的产品。如预订鲜花的公司，在收取了一年的会员费后，每周都会给会员寄送鲜花。

第三种是销售货品兑换卡，也叫购物卡、提货卡、兑换券等，这种卡的使用方法基本等同于现金，客户可以在指定的商家兑换一定金额的产品。常见的有月饼卡、大闸蟹卡、礼品卡、京东卡等。兑换卡特别适合用来送礼，能够有效地避免礼品由于体积太大、太重而不方便搬运，或收礼人不便于直接收取礼品的情况。

一般来说，订阅式会员制的客单价不会太高，加上有一定的消费频次，成交的难度也会相对较低。和储值式会员制相比，订阅式会员制的让利幅度可以更小一些，所以商家的长期利益更有保障。

二、订阅式会员制案例

订阅式会员制的经典案例——开市客超市。

开市客超市虽然不是会员制仓储式购物的开创者，但却是这个领域的老大，它在美国是仅次于沃尔玛超市（Walmart）的第二大零售商。几个公开的营收数据显示，沃尔玛超市 2024 财年的全年营收是 6481.25 亿美元，其中沃尔玛超市的会员制超市山姆会员店贡献了 861.79 亿美元。同一时间段，开市客超市的年度总营收为 2422.90 亿美元。通过对比这两家公司的总营收可以看出，虽然开市客超市比沃尔玛超市的总营收要低很多，但却比沃尔玛超市旗下的会员制超市——山姆会员店高出了56%，所以开市客超市是会员制超市中当之无愧的老大。

开市客超市的会员卡体系设计得很简单——就是几种不同价位的年卡，有点大道至简的意思。它的年卡分为公司卡和个人卡，个人卡又分为普通会员卡和行政高级会员卡。普通会员卡年费为60美元，行政高级会员卡年费为120美元，持有这两种卡的会员享受的购物价格是一样的，但持有行政高级会员卡的会员能享受2%的消费现金回馈和一些服务上的权益。因此，客户会算一笔账，看看自己办理哪种会员卡更合适。如果每年的采购金额较大，那么一部分持有普通会员卡的会员就会主动升级为持有行政高级会员卡的会员。目前开市客超市的全球持卡会员达1.28亿人，会员续费率达87%。

开市客超市会员制的基本规则也很简单：第一，它规定了只有成为会员才能在自己的超市购物；第二，它可以提供给会员在市场上极具竞争力的产品和服务。虽然这两点听起来很简单，但是如果你有实际的经营管理体验，就会明白做到这两点的难度极大，甚至不是一般商家能够做到的。商家要想做到第一点，就必须先做到第二点，而怎样做到第二点（提供在市场上极具竞争力的产品和服务）呢？首先，商家要有极强的供应链金融和管理能力，能够确保在各个优质的产品供应商那里争取到最低的价格和最优的产品。那么供应商凭什么要给你最低的价格和最优的产品？你需要每次都采购足够多的产品，成为这个供应商最大的客户，除此之外，你还要有能力在很短的时间内把产品都销售出去，形成产品采购与销售的快速循环。其次，商家要有极强的内部组织管理能力，能在将运营成本控制在行业内最低水平的前提下，将人力资源的效率发挥到行业内的最高水平，这才有可能给到客户最低的价格和最优的产品。

开市客超市用最低的价格卖最优的产品，那么它的利润来源有哪些呢？

第一，开市客超市利润的主要来源之一是订阅式会员所交的会员费，即开市客超市通过销售会员卡所得的收入，这也是众所周知的。从开市客超市历年的营收数据可以看出，会员费这部分的收入几乎是纯利润，而且会员有很高的续费率，这就成为稳定的利润来源。我们经常说，一种商业模式成不成功，就看它持续赚钱的能力强不强。显然，开市客超市的商业模式相当成功，相当有吸引力。

第二，开市客超市不是不在零售产品上赚差价，而是它赚差价的途径很多。一般的超市是在某一款产品进货价的基础上，根据自己的运营成本和盈利目标，制定一个零售价并按照这个价格去销售，偶尔也会根据促销的需要做相应的定价调整。但是会员制超市在扣除了自己的运营成本（如人力成本、资金占用成本、税收成本）之后就不再加价，所以开市客超市能给到会员比一般超市更优惠的价格。另外，像开市客超市做到了那么大的采购量之后，它能谈下来的进货价格和结款方式，是一般超市享受不到的，所以，开市客超市除收取的会员费以外，还能从进货差价里再赚到一部分利润。以上这两点仅是针对一般超市都在销售的品牌产品而言，而开市客超市凭着自己巨大的体量，可以收购、整合一些供应商，或者自己生产一些销量巨大、利润可观的产品。由于这类产品是开市客超市自有的品牌产品，不会跟通用的品牌产品产生直接的价格对比，所以开市客超市又能从中获得一部分利润。

第三，开市客超市的其他利润来源，也是传统规模化商超模式的利润来源。例如，开市客超市收取的各个品牌供应商的产品上架费；开市客超市利用账期所形成的大量沉淀资金开展供应链金融业务获取的利润；开市客超市把营业场所整租后再分别租给其他小商家的租金收入；开市客超市基于自身的业务能力而外延提供给其他企业的咨询、培训、技术开发等服务的收入。

通过学习开市客超市的案例，我们发现订阅式会员制能够成功实施，除了要具备优秀的供应链能力和组织管理能力，还要在启动阶段足够聚焦，即初始会员的定位要明确，企业能够围绕着特定的人群集中全部资源去开发，快速形成势能和口碑。这一点和圈层式会员制很相似。

虽然开市客超市现在每开一家分店都会有很多人慕名前来办

会员卡，但其在创办初期招募会员也是很困难的。开市客超市经过很长时间的积累才使会员基数达到一定规模，进而形成颇具影响力的口碑，会员们大量地复购和转介绍，最终促使会员数量实现爆发式增长。所以，订阅式会员制首先要有一个相对清晰的客群定位，其次要找到针对这个客群的营销方法。

在开市客超市创立之初，美国以沃尔玛为代表的零售行业已经非常发达了。开市客超市的两位创始人在创立它的时候就已经是美国零售行业的资深行家，所以说，他们创办开市客超市并非白手起家，而更像是站在巨人肩膀上的二次创业，他们要在普通仓储式商超的基础上创立一种会员制仓储式商超的新模式。这种新模式的目标客户群体和沃尔玛的目标客户群体一定要有所区隔，沃尔玛的客户群体范围几乎覆盖了广泛的普通大众，而开市客超市的目标客户群体则明确地定位为中产阶级以上的消费人群。

那么如何去覆盖这个目标客户群体呢？开市客超市会针对其目标客户群体去制定相应的营销策略。既然定位是较高收入的人群，开市客超市就会选择到离较高收入人群更近的社区去开店，它的选址策略是"一定要靠近自己的目标客户群体"。接下来，针对这类人群投放邮件广告，并在他们生活和工作的地方去做地推促销，这就是开市客超市的直接销售策略。

第四节 积分式会员制

积分式会员制也被称为注册式会员制。它的入会门槛是会员组织的4种类型当中最低的,因为客户只需要注册一个属于自己的信息账户就可以成为会员,而且不需要付费。会员在商家系统中的所有行为(如消费或完成商家指定的行为)都会被赋予积分,并且被记录下来。会员的积分可以用来兑换会员权益,积分的多少通常与会员级别的高低相挂钩。

积分式会员制的着眼点在"事",商家用低门槛来吸引准客户成为会员,然后用积分来记录会员的行为和激励会员持续消费。

一、积分式会员制的特点

我从商家的角度给积分下一个定义:积分是对会员价值行为的游戏化奖励资产。下面通过这句话里的3个关键词来分析一下积分的定义。

(1)价值行为,会员的行为对企业来说是有价值的,而有价值的行为会给企业带来盈利,企业才会愿意花钱去补贴会员。

(2)游戏化奖励,积分跟商品打折促销是不同的,它是激励体系中的一环。同时,积分是对会员行为的反馈或酬赏,这本身也是一种奖励。

（3）资产，这是大多数补贴手段没有的特性，积分作为一种资产具有货币属性，并且给了会员极大的自由，会员可选择兑换什么、什么时候兑换等。

积分式会员制模式并非通过收取会员费来获得营收，而是通过积分来了解会员的消费水平，更好地管理会员，并挖掘其更大的价值。

积分可以被视为一种虚拟货币，它可以被用来兑换或者购买某些会员权益。在积分式会员体系里，积分就是钱，它有着和现实世界相对应的金融属性，现实世界中各种货币的金融玩法都可以被借鉴过来并应用在积分上。另外，积分式会员制非常像现实社会的晋升机制，可以说它在某种程度上就是现实社会晋升机制在商业领域中的投射，所以积分制能够适用于设计复杂的会员体系。

积分可以体现会员的活跃度，会员的活跃度可用积分来进行量化。积分不是买来的，获取积分的方式是会员通过达成商家要求的某种动作或者目标之后，商家奖励或者赠予会员的。这些动作和目标包括但不限于注册、登录、消费、转介绍、使用、停留等。

因为积分是商家赠予会员的，所以商家对积分有定价权和解释权。例如，商家规定了什么行为可以获得多少积分；消费金额和积分的使用比例；积分可不可以兑换成现金；积分可不可以兑换商家指定之外的产品（服务）；积分是否被限定有效期等。

积分式会员制最主要的特点是"成长性"，即层次丰富的会员等级，以及与之对应的各种权益设计，会员可以在这套体系里一步一步地往上走。

从"成长性"的角度去设计积分式会员制，商家要考虑到以下几个问题。

（1）要有足够长的会员生命周期和足够多的会员等级，不能让会员轻松、快速地达到最高等级。

（2）要确保会员等级划分合理，会员的升级和降级规则是符合常识并易于被人接受的。

（3）要设计出一些引导会员活跃度的方法（如创建社群论坛）并有效实施，以保证会员的留存和提高会员的活跃度。

由于积分式会员制是会员制组织的 4 种类型当中门槛最低的，也是最不挑客户的，所以积分式会员制的优势是容易做大会员基数，并且在较短时间内实现会员数量快速增长，劣势是由于客户群体太广泛而难以做精准的运营，不能针对性地提升会员的参与感和活跃度。

对于那些免费注册的积分式会员，商家要充分地认识到，会员想要得到更高的权益和他当下的付出是相互矛盾的，商家要有方法、有策略地引导会员自己去解决这种矛盾。商家有两个引导方向，目的都是促使会员由接受免费服务转为接受付费服务，一个方向是把积分式会员发展为订阅式会员或者储值式会员，另一个方向是通过让会员消费获得积分从而提升其等级。

一般来说，积分式会员制至少会有3~5个会员等级，如一级、二级、三级，或金卡、银卡、铜卡等，阶梯制能够激发会员产生不断升级的冲动。有一个可以不断进阶的等级，再加上一个有吸引力的激励机制，会员会非常乐意留在这个会员体系里，进而形成更多的，甚至排他式的复购。

因为积分不直接对应权益，而是通过与积分相应的会员等级来对应权益，所以积分式会员制一般不对会员身份设置有效期，而是对会员所持有的积分设置有效期。

二、积分式会员制案例

航空公司是使用积分式会员制比较典型的商业组织，各家航空公司的玩法大同小异，但是每家航空公司都非常重视它们的会员经营，通常会把它们的会员制叫作常旅客计划。

航空公司的积分计算方法，除和其他商业公司一样可以用消费金额兑换积分之外，还有一个航空公司特有的概念——里程。航空公司喜欢用"里程"这个概念来代替积分，显得更加形象生动。

旅客每乘坐一次航班，就会获得相应的里程。虽然对人们来说，同一趟航班的飞行距离都是一样的，但是每个人获得的里程数可能是不一样的。因为这和若干因素相关，例如，旅客现在的会员等级，旅客在哪个渠道购买的机票，旅客花了多少钱买这趟航班的机票等。

当里程累积到一定数量时，会员就会得到相应的权益，例如，会员升级、免费升舱、免费使用机场贵宾厅、兑换免费机票等。

对普通旅客来说，里程的价值可能不明显，但是对经常乘坐飞机出差的商务人士来说，里程的价值就很大了，它起到了很显著的锁定客户的作用。尤其是当一名商旅客户成为某一家航空公司金卡以上级别的会员之后，他只要出行就一定会优先选择这家航空公司的航班，甚至在同等航班比其他公司更贵的情况下，他仍有可能选择自己持有金卡的航空公司。这是为什么呢？因为除价格差异之外，里程——也就是积分可能意味着更深远的价值。

例如，因为有金卡，旅客可以走头等舱通道而不用排队，还可以免费使用机场贵宾厅，在那里他可以更好地休息和工作而不浪费时间。

又如，虽然花钱更多，但是金卡能够获得的里程也更多，这些里程未来还可以用来兑换其他有价值的东西。

再如，买机票花的是公司的钱，或者能报销，而得到的积分是自己的，积分带来的权益也是自己的，那么何必在意多花一点钱呢？何况，会员本身是享受价格优惠的，公司也因此节约了一些成本。

还如，自己的会员等级马上要调整了，需要增加一些里程来维持或者提高自己的会员等级，那么多花点钱是值得的。

举了这么多例子，我们应该能看出来，如果积分式会员制的等级制度设计得好，那么就会对会员的留存和复购起到相当明显的作用。此外，航空公司的积分制还衍生出了很多的活动方式，如下文所说的积分商城和积分联盟。

积分商城，就是用里程兑换由合作伙伴提供的各式各样的产品或者服务的商城。如果在积分商城中的会员活跃参与度足够高，那么航空公司还能顺带销售出去更多产品和服务，以获得销售利润。

积分联盟，就是把自己公司的里程和其他航空公司的里程打通，通过积分建立起的联盟。航空公司之间相互承认对方的里程数，并允许对方的会员享受己方同等级会员的权益，就可以形成一个更大的积分制体系。积分联盟中的各个航空公司都有可能获得新客户，同时获得资源优化配置的机会。

所以说，积分式会员制可以被设计出很多种方案，有很强的灵活性和延展性。积分式会员制往往不是被独立应用的，而是结合储值式会员制或者订阅式会员制一起被应用的，因而成为其他类型会员制的有力补充。

第五节　常见会员制业态汇总

与4种会员制（会员组织的4种类型）相匹配的常见业态，如表2-2所示，大家可以从这张表里看出自己的会员制与所属的行业是否相对应。

表2-2　与4种会员制相匹配的常见业态

会员制类型	常见业态
圈层式会员制	商会、协会、学会、校友会、私董会、俱乐部、女性社群、投资者社群、车友会、茶友会、读书会、钓友会、粉丝团
储值式会员制	健身房、按摩店、SPA店、培训学校、餐饮店、KTV、茶饮店、棋牌室、美容店、美发店、美甲店
订阅式会员制	报纸、杂志、牛奶、鲜花速递、提货卡、商旅卡、社交电商、会员制超市、互联网App、景点景区
积分式会员制	普通超市、互联网App、信用卡、航空公司、网络游戏

结合表2-2，我对4种会员制做了几点综合评述。

第一点，在现实经营中，不同类型的会员制并不是相互排斥的，而是你中有我，我中有你。有时候是以某一种类型为主导，另一种类型来辅助；有时候是同一项业务，因为客户群体或消费场景不同，所以要用不同类型的会员制去承接。

第二点，积分式会员制可以和其他3种会员制有机结合并作为会员体系的基础，因为积分式会员制可以通过免费注册来把门槛降到最低，有利于广泛地吸收客户，为后期把客户顺利地转化为其他类型的付费会员做铺垫。

第三点，尽量把自己的会员体系设计得简单一些，简单的体系能让客户和员工更容易理解，只有这样会员卡才能被更快地销售出去。千万不要为了显示你自己的领导水平和管理能力，去设计一套既操作复杂又脱离实际的会员体系。

第六节　会员制组织的架构

马克思认为，生产关系要适应生产力，恰当的生产关系能促进生产力的发展。组织架构就是一种生产关系。每个组织都有它的使命（目的、任务），例如商业组织的目的是获得利润，公益组织的使命是使社会和谐。所以，组织架构要有利于组织去实现它的使命（目的、任务）。

组织架构决定运营效率。组织架构决定了部门的设置、定位、权力、职责、利益；决定了岗位的设置和权力、职责、利益；决定了员工的组织、分工、协作；决定了组织内部的交易成本、管理成本、运作风险等。一个好的组织架构应该定位清晰，并且权力、职责和利益高度匹配，组织内部应该协作性良好、沟通顺畅、分工合理。这样的组织架构既能适度制衡，又能高效协同；既结构稳定，又反应迅速。

会员制组织分为营利性组织和非营利性组织，覆盖了社会上的多数组织形态，这些组织形态有各自的一些特点和相互之间的差异，对它们的组织架构不能一概而论。在这里，我对常见会员制的组织架构做一遍梳理。

一、会员制企业组织架构

以会员制为经营方针的企业和以非会员制为经营方针的企业，他们的组织架构没有本质上的不同，因为企业的所有权和资金来源没有本质的差异。但是既然企业对会员制经营有一定的重视，就一定会在组织架构上有所体现。企业常见的组织架构图，如图2-1所示。

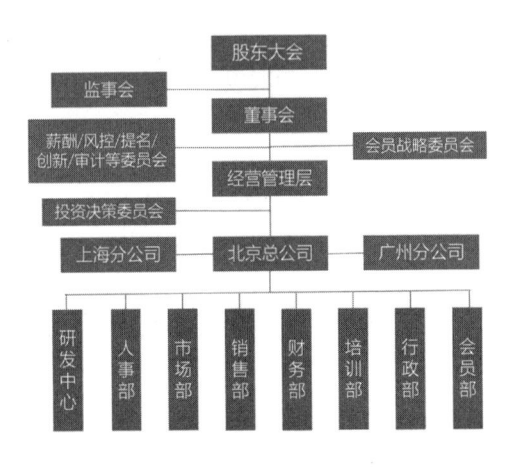

图2-1　企业常见的组织架构图

以会员制为经营方针的企业，通常会开放一些外部的机制，允许或鼓励它的高活跃度会员（核心会员）参与企业的部分决策。而在企业内部的组织架构上，有几种可能存在的层次，我按照企业对会员制的重视程度由低到高排序如下。

第一层次，在企业的职能部门中设立与财务部、人事部等部门同级的客户服务部，并设置一个和财务总监、人力总监、销售总监等同级的客服总监，以彰显对客户服务工作的重视。

第二层次，将客服部升级为会员部，以发展会员为方针，为已经付费或注册成为会员的客户提供服务。会员部在组织架构上与第一层次中的客服部相同，但是名称的变更体现了企业资源投入方向的不同，可以促使企业内部达成以发展会员为方针的统一共识。会员部总监统领会员的管理工作，保证以发展会员和服务会员为目标的绩效指标得到落实并通过考核，确保会员制在执行过程中的复盘和调整能够及时有效。

第三层次，在经营管理层之上，也就是在企业的决策层设立一个会员制战略委员会，表明会员制已成为企业的重要发展战略。会员制战略委员会可以由企业的董事、总经理、会员部总监等管理级别的人组成，并周期性地监督和调整企业的会员经营工作。把会员制放在战略层面，能够更有效地协调会员部与其他职能部门之间的协作与分工，更有利于树立企业和产品品牌在消费者心目中的形象。

二、商、协、学会组织架构

商、协、学会本身就是标准的非营利性会员制社会组织，人们围绕着某一特定的目标以会员的名义形成了一个共同体，符合本章对圈层式会员制的定义。非营利性会员制社会组织对于我们研究商业范畴的会员经济有两个重要的价值：一是这类组织因其公益性、中立性、专业性等属性，是吸纳、协调、整合特定人群极有效率的一套社会机制；二是这类组织非常适合作为政府和企业之间的桥梁，使整个社会经济得以更加合法、合理、合情地运转。

理论上这些组织的资金来源主要是会员和会员单位交纳的会费、政府拨款、企事业单位捐赠和有偿服务等收入，其中会费通常是资金占比最大的部分，所以商、协、学会的组织架构必须是围绕着全体会员服务的。在实践中，由于各个会员层级所交纳的会费数额差异很大，如商会的会长一年可能要交几十万元的会费，而商会的会员一年可能只需要交几百元的会费甚至免费，所以整个组织中往往交纳会费较多的会长及副会长更有话语权。

商、协、学会组织架构的最大优点是其具有可拓展性，基于各层级会员都是自带资金加入的，所以组织的拓展并不会增加组织本身的经济负担。在同一个组织使命和目标的统领下，这些组织的每个层级几乎都可以不限数量地、模块化地进行复制和扩张。商、协、学会组织架构图，如图 2-2 所示。

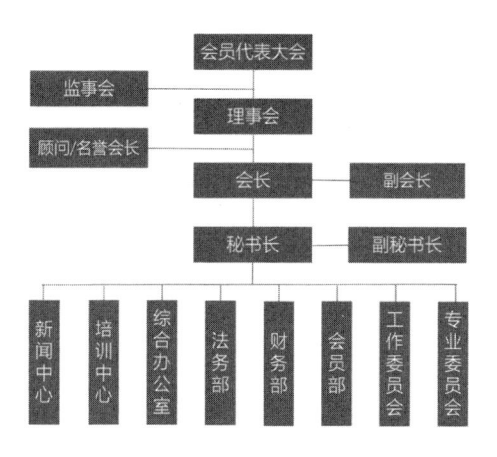

第二章 会员制组织的 4 种类型　65

图 2-2　商、协、学会组织架构图

例如，副会长（副会长单位）、副秘书长（副秘书长单位）都可以有很多个。又如，会员们可以依据自己的专业领域、兴趣爱好、特殊资源等，在会员体系中自发成立各类专业委员会或工作委员会。这样就能以会员制组织和专业委员会（工作委员会）的名义，来进一步整合社会资源，做好会员服务，实现组织发展的各种目标。而组织本身在收取了更多会费的同时，也通过发展各类专业委员会（工作委员会）的方式，招揽了更多社会人才加入组织，共同促进了会员制组织的蓬勃发展。

如前文所言，这种复制、扩张是模块化的、插件式的，它不但可以横向复制、扩张，还可以纵向复制、扩张，把组织架构无限地扩大开去。例如，全国工商联（中华全国工商业联合会）就是一个体系非常庞大且复杂的会员制组织，任何一个行业都可以成为它下面的一个分支商会，如汽车行业商会、茶产业商会、餐饮业商会等，这就是横向复制、扩张。再以汽车行业商会进一步举例，它的下面又可以细分出汽车经销商分会、汽车品牌商分会、汽车市场研究分会等，这就是纵向复制、扩张。每一个分会下面，都可以自成一套会员体系，有会长（副会长）、秘书长（副秘书长）、专委会主任（专委会副主任）等，这就形成了一套能够容纳成千上万名会员的大型组织架构。

本章小结

（1）会员制有 4 种类型：圈层式会员制、储值式会员制、订阅式会员制、积分式会员制。掌握会员制分类的原理，对我们理解自身业务和设计符合业务逻辑的会员体系有重要的参考价值。

（2）圈层式会员制的关注点在"人"，围绕人的社群属性来提供服务；储值式会员制和订阅式会员制的关注点都在"钱"，着重于设计一套机制来快速地把钱收进来，但相比而言，订阅式会员制的关注点更全面，其既关注"钱"，又关注"事"，更明确的指向具体的产品或服务；积分式会员制的关注点在"事"，运用好积分可以建立起一套引导会员成长的游戏化体系。

（3）会员制的组织架构要能够适应组织的发展目标，营利性会员制组织和非营利性会员制组织各有其优点，共同促进了会员制组织的蓬勃发展。

第三章
构成会员制的7个要素

通过上一章我们了解4种会员制组织的类型，目的是帮助读者尽快厘清设计会员制组织的思路，解决的是一个方向性的问题。在解决了方向性的问题之后，这一章我们就能进一步去研究策略性的问题。

所谓策略性问题，就是当我们弄明白自己的业务适用于哪一种类型的会员制之后，如何把自己的会员体系搭建起来。例如，要造一栋房子，外观的设计方案已经有了，现在要考虑该准备哪些材料；又如，点、横、竖、撇、捺、提、折、钩是汉字的8种基本笔画，掌握这8种笔画就能够写出所有的汉字，同样，掌握26个英文字母就能够拼写出所有的英文单词。

俗话说，方向不对，努力白费。对于那些刚刚开始做生意的老板，我建议直接模仿甚至照抄你所在行业里的佼佼者的会员制模式，千万不要急着弄一套自己的会员制。模仿是为了学习和创新，半年或一年之后通过收集数据和复盘思考，每摸索清楚一个环节，就可以做一次优化，逐渐更新迭代出一套适用于自己企业的会员制模式。

对于那些已经有一些行业经验，又有一定深度思考能力的老板，我建议他们思考两个底层的问题——目前行业通用的会员制模式已经是最优的吗？有没有一种全新的会员制模式，能够把目前的盈利能力提升一个等级？永远保持好奇心，跳出现有的框架去思考新的增长机会，是每一位期望有所作为的创业者和经营者必备的思维习惯。当然，思考一定要建立在实践的基础之上，没有依据的闭门造车将毫无意义。

构成会员制的 7 个要素，如图 3-1 所示，分别是名称、权益、条件、层级、积分、时效、推广，所有的会员制都是由这些要素变化而来的。下面我对构成会员制的 7 个要素逐一展开分析。

第三章 构成会员制的 7 个要素

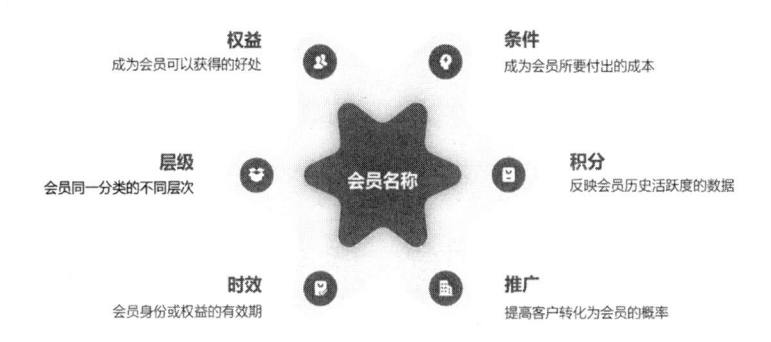

图 3-1 构成会员制的 7 个要素

第一节 名称

名称,指的是会员制的名字,是对会员制的一个语义上的定性。给会员制起个名字,是为了让客户和会员能够容易理解,从而更容易决定是否购买。因此,要尽量起一个人们一看就懂的会员制名称,避免起那种容易产生歧义的名称。

一个好的名称,能够准确、全面地反映会员的类型、层级、权益等信息,甚至还能够促进会员卡的销售。名称作为会员制的一个要素,提醒着我们要给予它足够的重视。那么,怎样给会员制起名字呢?我总结了以下 2 种方法。

（1）概括表达该类会员的特征。

（2）用褒义词来强化会员身份感。

第一种方法，举例来说，华饮小茶馆有一种订阅式会员卡叫作"无限畅饮散座月卡"，如图 3-2 所示。这就是一个很直观的名称，用了 3 个含义很清晰的词"无限畅饮""散座""月卡"，没有一个多余的字，完全不需要去解释，这显然是个好名称。

图 3-2　无限畅饮散座月卡

第二种方法，在实践中，也有很多会员制的名称是不描述自身特征的，而是用一个褒义的、正面的专有名词，如臻选会员、优享会员、黄金会员之类。比较有名的如亚马逊的 Prime 会员和京东的 Plus 会员，它们的优点就是很简短，用一个词概括了一种会员类型，而且彰显了会员身份和普通用户的不同。但是由于这类名称没有区别度，所以不推荐中小型企业使用。对中小企业来说，应该抓住每一次品牌推广的机会，在尽可能多的地方把自己的品牌名称用上，就像华住集团（汉庭酒店母公司）的"华住会"一样。

第二节 权益

权益就是成为会员可以获得的好处，一般来说有以下 3 点。

（1）优惠，主要是指仅限会员享受的价格折扣。

（2）特权，主要是指商家仅向会员提供的某些服务或产品，如某些茶馆会专门开辟一片空间用来给会员免费存放茶叶或茶器。

（3）赠品，主要是指仅限会员在特定时间节点领取的礼品，如开卡赠品、生日赠品、消费赠品等。

权益是会员制的核心，是客户购买一个会员身份的根本原因。

一、引发需求

要充分考虑客户真正的需求是什么，除了价格上的优惠，商家必须引起客户对自身真实需求的关注。有些需求不经商家提醒，客户可能自己都没有意识到。只有激发客户对会员权益的需求，客户才会意识到会员制在满足其自身需求的同时，真正为他们节约了成本。

下面举个例子来进一步说明商家是如何引导客户认识自身需求的。

某个知名的连锁酒店品牌希望能引导客户在酒店里有更多的消费，例如，在房间里的书籍、抱枕、玩偶等物品上标明价格，提示客户可以带走。一开始效果并不明显，后来经过调研发现，客户担心购买这些物品的钱不能开进住宿发票里，还担心金额超过了报销额度。客户的这个潜在需求是不会直接告诉酒店的，如果酒店自己不去挖掘，就会失去进一步满足客户需求的机会。

于是，该酒店就在客户办理住宿登记时增加了一个话术，告知客户购买房间里有标价的所有物品都可以开进住宿发票里，并且客户如果注册成为酒店的会员，还可以享受自己决定开票金额，剩余金额下次再开的权益。这就解除了客户对于购买房间内标价物品的顾虑，大大提高了酒店的零售收入。

这是一个商家利用权益来发展会员制的典型案例。

二、主要权益

会员可以有多项权益，但其中一定有一项主要权益对客户来说最有吸引力。因此，商家在销售会员卡的过程中要充分突出主要权益的价值，体现会员的价值感。

一般来说，主要权益通常是优惠的价格，也就是说折扣价格往往是最直观、最有效的会员权益。按照销售惯例，只要折扣给得多，成交概率就会提高。但是，折扣给得多，是会影响利润率的，除非标价本身就是一个故意锚定的虚高价，而折扣价才是真实的销售价。有些会员制是不同类型的会员享受不同的折扣权益，那么就会有损害长期利润率的会员折扣存在。并且，会员折扣一旦定下后就不便再调整，无论调高还是调低都会损害某些人的利益，引发会员不满。

所以，在实操中我建议在权益方面的价格优惠不必定得太低，如 8 折或 8.8 折对大部分行业来说就是一个比较容易接受的优惠力度。这种做法对品类 SKU（库存量单位）简单的行业来说较为适用，如足浴按摩店。也可以不规定固定折扣，而是给每一个产品独立设定会员优惠价，在菜单、价签、页面中明确地标识出来。这种做法在超市和电商平台领域中比较常用，因超市的 SKU 数以万计，毛利率因千差万别，因此不适用固定比例的折扣。读者也可以在此基础上灵活运用，一部分产品和服务可以使用固定优惠另一部分产品和服务可以使用独立优惠。

价格优惠虽然是最好用的，但是我更推荐大家在会员权益和赠品上多花心思，会员权益往往边际成本很低，而赠品又是商家完全可以自行把控的，并且会员权益和赠品还可以通过视觉直接呈现给客户。

举例说明，某茶馆吸引客户储值成为会员的技巧是设置会员权益。例如，在收银台背后设置了会员专门存茶的柜子，里面摆满了茶罐和茶饼，还有会员的名牌，给人一种值得信任的感觉；同时在收银台前方摆放一个赠品堆头，包括茶叶礼盒、茶器礼盒，包装都非常精美、大气、上档次，收银员可以直接指着堆头告诉客户，储值成为会员就能获赠价值××元（标价可能会超过消费金额）的茶叶礼盒或茶器礼盒。这一套组合拳打下来，加上还有会员折扣价，可以想象，客户储值成为会员的概率就会非常高。

经营会员的第一关是引导客户注册或购买（储值）会员身份，所以让准会员对会员权益有所感知是最重要的，巧妙地运用会员权益和赠品，比给客户折扣带来的感受更为直观。

有人认为，增加会员的权益能够提高会员卡的销售转化率；也有人认为，给某一类会员增加主要权益之外的权益是一种浪费，会影响会员卡的价值感。这两种说法都有道理，大家可以根据自己的业务情况和客户情况去分析和设计自己的会员权益。

第三节　条件

条件，指的是客户成为会员所要满足的条件，也是客户成为会员所要付出的成本，又称门槛。所以，条件和权益的关系，正如权利和义务的关系一样相互依存，它们是一对相互矛盾、相互作用的平衡力。入会的条件越高，会员的权益也就越多；反之，没有门槛的注册式会员，一般除积分之外也没有其他的权益了。

条件作为客户付出的成本，通常来说主要有 2 种形式。

（1）支付款项。

（2）完成任务。

第一种形式，支付款项是最为常见的，无非就是通过花钱来获得相应的会员权益。这符合大多数商业类会员制的基本理念，一方面尽量降低门槛来广泛吸引会员，另一方面又设置一定的入会（消费）门槛来筛选精准的客户。

第二种形式，通过完成任务来成为会员，一般发生在圈层式会员制里，以突出该圈层人群特定身份的纯粹性。比如，想加入某些组织，需要该组织内部几名会员同时推荐；又如，想成为 B 站的会员，需要做一套有关二次元的问卷，并且得分超过及格线；再比如，某些会员制的特权需要持卡人推荐 3 名以上客户才能解锁；等等。

从设计会员制的角度来看，支付款项的条件设置比较简单，只要把投入产出比和销售转化率算出来，就能大致算出我们希望客户承担的成本了。而完成任务的条件设置则五花八门，对准会员来说往往更有趣，也更有难度，反而增加了会员的参与感。

完成任务的常见条件，我做了如下归纳。

（1）内部人员推荐或者权威人士或名人背书。

（2）设置一定时限的申请期和考察期，并按时间节点提交书面材料。

（3）从事某种特定职业或持有某种类型的证书。

（4）完成一个或多个考试，包括笔试、面试、实操等。

（5）交一笔会费或押金，并在考察期内推荐若干名会员。

（6）在特定期限内参加一定数量课程的学习并完成考试。

同样，支付款项的条件设置，细分也有几种情况。

（1）储值达到某个金额。

（2）消费达到某个金额。

（3）消费达到一定次数。

（4）交纳固定金额的会费。

（5）由几名高级会员推荐。

条件和权益的相互约束关系，规范了会员制组织和个人之间的权责利关系，构成了二者之间合同关系的2个要件，相比其他的4个要素来说更加重要。所以，设计条件和权益要素，即设计会员制最基本的问题，不一定很复杂，但却十分关键。

如果条件和权益的关系没有理顺，就会导致一些问题，如有些商家在招募会员之前没有考虑清楚，一旦会员长期占用公司的资源并超出成本，对自己是好处多还是坏处多。有时候为了尽快启动项目，商家在前期给出了过于优越的条件，虽然生意快速火爆起来了，但是核算下来却一直实现不了盈利，甚至后期还会亏损越来越多，或者是承诺的会员权益无法兑现，从而引发大量的会员投诉。

健身房就特别容易出现这类问题，这种商业模式要求其必须在开店前期疯狂地销售年卡。因为有一定比例的会员，办卡之后是不来或者很少来健身的，所以健身房会尽量超额售卖年卡，有一些和会员对赌的意思。但是如果会员真的都来健身，就会发现健身房根本没有足够的空间和设备来容纳他们。并且，会员健身的时间段是集中的，很可能出现白天几乎没人，下班后却爆满的情况。一旦客户的体验感不好，就会影响他们续卡，甚至会影响报私教课的转化率。

相似的问题在其他行业中也很多且很常见，当权益和条件出现严重不对等的时候，甲乙双方总会有一方想要退出，那么制定合理、合法的退出机制就很重要。为了减少甲乙双方出现纠纷的可能性，降低甲乙双方出现纠纷后对各自造成的伤害，避免甲乙双方的纠纷产生持续的负面影响，下面总结两点设置退出机制的技巧。

（1）设置会员的有效期（犹豫期或暂停期）。

（2）设置会员的升级（降级）机制。

第一种技巧是给会员制本身设置一个有效期（犹豫期或暂停期）。例如，会员资格有效期为一年，到期之后会员权益会自动终止；新办卡的会员在犹豫期一周或两周内可以无条件申请退款，商家也可以无条件解除会员的身份；如果会员在一段时间内无法享受权益，可以向商家申请在特定时间段之内暂停计费，过后再恢复正常计费。

第二种技巧是根据会员已使用权益的情况，给予会员升级或者降级处理。有了可以调整的会员层级，商家就能在相对公平的基础上，去沟通并调整会员所享有的权益，而不至于使双方发生不可调和的矛盾，造成客户的流失。在互联网时代，流失一个客户可能还会导致网络上出现负面的评价，这种负面影响带来的损失远远超过流失一个客户所造成的损失。

第四节　层级

正如所有的组织都有层级结构一样，我们设计的会员制也要有会员层级，无论是简单的两三个层级，还是复杂的金字塔层级。

会员层级不是会员的分类，而是同一分类的不同层次，如我们常见的银行和航空公司的普卡、金卡、白金卡、钻石卡等，就是同一类会员卡的不同层级。层级是由低到高划分的，不同层级对应的是不同的条件和权益，层级越高，对应的条件越高、权益越多，相应的会员数量就会越少。

会员层级最常见的划分方式是星级或钻级，如三星、四星、五星；黄金、白金、钻石等。

会员的层级是会员不同身份的标志，它给了会员在会员制组织里面留存和流动的理由，层级就是阶梯，可以让会员上得去也下得来。会员制组织人为地把会员分成不同的层级，以促进会员更多的消费或达成更多的条件来提升自己的层级。同时，低层级的存在，降低了加入会员制组织的门槛，使加入会员的人数远远多于流失的人数。

会员层级的划分主要有以下几类依据。

第一类是支付款项，包括会费、消费、储值等现金性支出。此三者性质不同，会费是年费或规定时间期限内的费用，是一经支出立即生效的费用，一般不会退款，属于订阅式会员制；消费是直接用于购买产品和服务的支出，也是一经支出立即交付的费用，消费的金额一般与积分相对应；储值是预付费，相当于会员暂存在会员制组织的"存款"，是还未使用的费用。

会员制组织可依据会员支出的金额多少来划分等级，既可以是单次金额，也可以是特定时间段内的累积金额。

第二类是完成任务，包括任务完成度（完成量）、对组织的贡献度等。

第三类是积分。积分是我重点推荐的方式，在本章第五节中会展开详细的讲解。积分是兑换来的，兑换的依据就是上述第一类的支付款项金额和第二类的任务完成量，通过会员制组织制定的计算规则把它们兑换成积分，这就实现了会员制组织内部的价值共识。

了解了这3类会员层级划分的依据，我们可以很清楚地看到，最常见的层级划分和会员支付的款项金额或会员所持有的积分相关联。接下来，我们要思考的问题就是，怎么去给自己的会员体系设计层级？

首先，会员层级不是越多越好，层级本身是配合业务来设计的，它允许我们不断地进行调整。

有些企业的会员层级多，是因为它们业务类型相对比较复杂，产品和服务的库存 SKU 数量大，价格差异也大。例如，大商场和小面馆就完全不一样，大商场既有售价几元的商品，也有售价几十万元的商品，可以分为很多个层级。而小面馆的客单价通常都在几十元范围内，而且有些客户经常来，有些客户一年也来不了几次，所以就没有必要设置多个层级，太复杂了反而会影响成交。

会员的层级，主要取决于产品和服务本身拉开的梯度，梯度大，层级就多。对于经验不太丰富的经营者，建议从 3 个层级开始设计自己的会员制组织梯度。3 个层级完全可以满足会员分层的基本需求，既能大范围地招募会员，又能让会员在体系里有上升的空间。再次提醒经营者，我们划分会员层级的目的，一方面是促进准会员的成交，另一方面是在成交的基础上提升客单价。

其次，优先使用积分来作为划分层级的依据。

用积分来划分层级的优势很明显，这里有一个使用积分的重要问题：评定会员的层级，是用积分总额作为条件，还是用积分兑换作为条件更好？相信大多数会员制的商家都没有思考过这个问题，我们不妨代入场景来进行分析。

假如一个商场的金卡会员门槛为 6000 个积分，现在客户甲通过消费 1 万元获得了 10000 个积分。既然甲的积分已经超过了金卡会员的门槛，那么会员管理系统应该直接把甲标记为金卡会员，还是需要甲用 6000 个积分去兑换一个金卡会员的身份呢？

这两种做法各有优点，前一种做法比较简单，既不会打扰客户，也不需要增加客户理解方面的负担，并且转化率会更高一些，是积分式会员制商家常用的方法；后一种做法则不仅让商家牢牢掌握了会员积分规则的解释权，还提升了会员的活跃度，是一种更高阶的做法，大家可以认真体会其中的奥妙。

第五节 积分

一、积分的本质

积分反映了会员的历史活跃度，活跃度包括会员在商家平台上所有的行为，如激活会员就可以得到100个积分等。对商家来说，会员最主要的活跃度应来源于消费，积分主要是会员消费后获得的一种数字资产。

只要商家设置好一定的兑换比例和兑换条件，积分就可以作为代币在商家的平台中使用，也可以用来兑换某些权益或产品（服务）。例如，当客户在电商平台购物时，10个积分可以兑换成1元钱，在支付时自动抵扣，同时限定每次支付最多只能抵扣200个积分。

会员的层级通常也是依据会员持有的积分来划分的。例如，每累计达到1000个积分，会员就自动提升一个等级，解锁新的会员权益。

并不是所有会员制都会关注积分，如简单的储值式会员制和圈层式会员制就不太需要积分，因为它们基本上是对所有会员提供无差别的服务。但是，灵活地运用积分是会员制发展到较高级阶段的重要做法，因此积分的作用不容忽视。依托积分能够搭建起会员的成长阶梯，提高会员的活跃度，增加会员的黏性，达到增加会员营收的目的。所以，经营者还是要掌握设计和使用积分的方法。

二、积分的作用

积分给会员制组织带来了两个非常重要的益处，如下所述。

（1）掌握规则——使会员制组织能够制定有利于自己的规则，掌握规则的解释权，并拥有利用规则的主动权。

积分是反映会员历史活跃度的数据，虽然历史活跃度是客观事实，但是通过积分可以人为地把客观事实变成主观存在。例如，会员购买了1000元的产品，1000元的购买记录是客观事实，是不可否认的。但是1000元能够兑换1000个积分，还是10个积分，或者是一个积分都没有，是由会员制组织制定的规则来评定的。

因此，当会员的身份（权益）与积分挂钩，而不是与消费金额或者完成任务直接挂钩的时候，会员享受什么样的权益就由会员制组织说了算，会员制组织完全可以根据自己的需要来调整积分政策。

（2）规避风险——降低违反国家监管规定的可能性，防止损害会员的利益，减少和会员发生矛盾的概率，并在矛盾发生时有方法处理。

国家对企业向公众预收费是有严格的监管规定的，如果金额较大，涉及人员较多，就很有可能会被认定为非法集资罪。因此，很多平台或企业都推出了自己的代币（积分币），当客户把钱存进来，实际上是按1∶1的比例购买了它们的代币（积分币），客户在该平台或企业再次购买或兑换任何产品和服务时，都是用账户里的代币来结算的。这就是规避监管风险的一种方式。

储值式会员制就适用于该规则，将会员的储值转化为积分，在一定程度上能规避在监管上违规的风险，还能在被会员起诉侵权的时候，用积分机制作为双方约定的合同来保护自己。

三、积分的计算

如何给会员的历史活跃度计算积分？制定好积分规则是非常重要的，可以参考以下几个方面。

（1）会员支付金额和获得积分的兑换比例，以及积分和抵扣现金的兑换比例。例如，会员每消费10元钱可以获得1个积分，在会员买单时，每10个积分可以抵扣1元钱。按照这个规则计算，相当于会员通过使用积分，每花100元钱就能省下1元钱。它们之间的兑换比例，是商家根据自己计划给会员多大力度的折扣而反推出来的。

（2）不同层级的会员支付或不同产品类型的会员支付，可获得的积分有不同的系数。例如，银卡会员的系数是 1，金卡会员的系数是 1.2，按照刚才的兑换比例，银卡会员每消费 10 元钱可以获得 1 个积分，金卡会员每消费 10 元钱可以获得 1.2 个积分。同样，如果消费高毛利的产品所获得积分的系数是 1，那么消费低毛利的产品所获得积分的系数可能是 0.1。

（3）会员特定行为的积分奖励机制。例如，为了鼓励、刺激会员的复购率，凡是 30 天内到店消费 4 次及以上的会员，会一次性得到 2000 个积分，可在实际消费中抵扣 200 元。

（4）要注意设置好积分的有效期。积分的有效期通常是以年为单位的，一年之前消费所得的积分会被清零，这对提升客户活跃度是非常有效的。

第六节　时效

时效指的是限定会员身份或会员权益的有效期。

订阅式和圈层式会员制的时效性很强，在客户注册或购买成为会员的时候都会明确有效期，一般以年为单位。储值式会员制的时效性在实操上略弱，如果有效期规定得太短，就会影响会员的储值意愿。

时效以时间长短来划分，短期时效按天、按周、按月等，长期时效按一年或几年，一般最长的时效是终身有效，还有些特殊的会员制甚至可以继承。

设定时效很有必要，因为设定时效的好处很明显，不设定时效的坏处也很明显。设定时效的好处有以下两个。

（1）设定时效使商家保留了更多的主动权和解释权。成熟的商家会提前预判一些场景，会尽力为自己保留和争取更多的主动权和解释权。虽然商家表面上看起来是买卖双方中的强势一方，但是在实际生活中，90%以上的商家的风险承受能力较弱。这些企业必须学会利用规则来保护自己，否则可能一次纠纷、一次侵权、一次赔偿就会让自己多年的辛苦付之东流。

（2）设定时效可以提升会员的活跃度，提高会员的复购率。有了时间的限制，会员在兑现权益上就有了紧迫感，会时常提醒自己来兑现权益，这样一来就有了更高的会员活跃度。同样，基于时效性，商家就有理由向会员进行主动营销，提醒会员权益快到期了，该交费或兑换积分了。

储值式会员制如果没有明确规定储值使用的时效,就有可能出现好几年没有活跃过的老会员要求退款的情况。这种情况如果集中发生,就会使商家非常被动。例如,在新冠疫情期间,有很多商家因为大量会员害怕门店倒闭而纷纷要求退款,再加上门店停业期间的现金流中断,最后只能选择倒闭。

积分式会员制如果没有明确规定积分的时效,就不能很好地利用规则来提升会员的活跃度。在很多积分式会员体系里,积分消费最频繁的场景是在积分商城里兑换商品和服务,或者用积分来兑换更高的会员层级。对商家来说,这些行为发生得越早越好、越多越好,会员的活跃度越高,商家就越有机会引导客户再次消费。

设定时效有什么原理或技巧吗?时效是会员制的要素之一。会员制的根本目的是追求双方的共赢,任何一方如果得到了更多的好处,就应该让渡更多的权益,这是一种平衡的原则。所以在时效的设定上,我有以下几点建议。

(1)储值式会员制、订阅式会员制、圈层式会员制常规的有效期都以一年为基准。

(2)订阅式会员制可以灵活地设计年卡、季卡、月卡,甚至周卡。

(3)积分式会员制可划分出常规积分和特殊奖励积分,常规积分的有效期为一年，特殊奖励积分的有效期可以适当缩短至3～6个月。

第七节　推广

推广（或称促销、招募、销售）是一种营销手段，目的是提高客户转化为会员的概率。

无论多好的产品、服务和会员制，都是需要推广的。即便强大如"可口可乐"这样的公司，每年仍然会投入巨资去做品牌广告，会花很多钱到一些销售终端去做消费者的免费品饮，这些都属于营销推广。

本书广义的推广包括所有以销售会员制为目的的动作，狭义的推广则更倾向于向潜在客户做点对点的定向销售。

简单来说，一个典型的完整的会员制推广由以下3个步骤组成。

（1）说明好处。

（2）提出主张。

（3）解除顾虑。

第一步，说明好处。向客户说明成为会员能得到哪些好处，可以通过展板、易拉宝、电视屏幕来展示说明，也可以由收银员、销售员向客户主动说明。第二步，提出主张。让客户买单成为会员，这一步要斩钉截铁，要有感染力。第三步，解除顾虑。面对犹豫的客户，一般是通过零风险承诺，如7天无理由退换，来达到解除客户顾虑、顺利实现成交的目的。

为了配合整个推广的过程，特别是在成交前临门一脚的阶段，我建议运用推广中的两种技巧，一是提供超级赠品，二是提供临时折扣。

临时折扣通常以需要去申请为借口。在客户反复提出希望得到更大的折扣，并显示出他们明确的购买意愿的时候，销售人员肯定不愿意错过这个销售机会，但是又不能让客户感到还有很大的折扣空间可以压价。这时候的惯例就是告知客户需要向上级申请额外的优惠，等待片刻后，销售人员会显示出很为难但是上级终于答应了的样子，并祝贺客户获得了一次最低折扣价的机会。

这个套路虽然已经路人皆知，但是仍然屡试不爽，充分验证了一个很重要的营销原理：客户要的不一定是真的便宜，而是占到便宜的感觉。

相比临时折扣，一般来说，我更推荐使用超级赠品策略，因为赠品看得见摸得着，会更显著地提高成交概率。

既然称之为超级赠品,那么就一定要给人一种超级划算的感觉。在门店的显眼位置专门布置一个赠品堆头,而且越有气势越好,大一些的货架或堆头能充分营造出销售的氛围。选择什么产品或服务作为赠品,是需要商家认真考虑的。建议尽量选择市场价格高但实际成本低,或者看起来价值很高但成本已经被摊销掉的产品或服务,以便营造出赠品的高价值感。

例如,某个超市在做会员促销的时候,拿出一款售价为300元的电饭锅来做赠品。承诺客户只要当天消费满1000元即可成为会员,不但可以免费把这款电饭锅带回家,而且未来的消费都能享受会员价,同时还能享受用积分抵扣现金的福利。

显然,这套推广策略对超市来说肯定是比较适合的。虽然电饭锅的售价为300元,但实际上它的成本可能只有100元。顾客消费了1000元,只要商家的毛利能够超过10%,税率暂且忽略不计,那么商家就还是有利润可赚的。

与临时折扣相比,超级赠品会给人更加真诚的感觉,也更利于促进成交。同时,因为赠品是有限的,送多少和送多久都是商家自己来定的,所以更有主动权。

会员制战略在推进的时候,推广是非常必要的,千万不要吝啬在推广上的投入,哪怕会员权益设计得差一些也没关系。靠赠品策略去提升会员转化率,往往要比加强会员权益的效果要好得多。除自有团队的推广之外,我们还要广泛地开拓渠道。

如何能够做好一次推广活动?从消费心理学的角度来说,最重要的底层逻辑是打造稀缺性和营造紧迫感。

稀缺性,就是数量有限。在实操上就是限制赠品的数量,不能让客户感觉赠品的数量很多,什么时候来都能得到。例如,在刚才的案例里,作为赠品的电饭锅只有 100 个,送完即止,来晚的话就没有了,想要拿到免费的赠品就要等下次活动了。

紧迫感,就是送完即止。在实操上就是限定客户领取赠品的时间,要让客户感觉到必须马上抢,再晚一会儿就没有了。还是刚刚的例子,限定只有今天送电饭锅,明天就不送了,这样才能让客户尽快成交。

本章小结

(1)构成会员制的 7 个要素:名称、权益、条件、层级、积分、时效、推广。其中,权益和条件是会员制中的核心部分。

(2)营销的成功往往需要一些技巧。如何解除客户的顾虑?最有效的方法是零风险承诺。如何让客户当下就做出购买决定?关键是打造稀缺性和营造紧迫感。

第四章
会员体系从设计到实施

所有商业的运营过程都可以拆解成 4 个步骤：**引流—成交—复购—裂变**。

引流，即引来流量，解决的是客户怎么来的问题。

成交，即客户购买，解决的是客户买不买和花多少钱的问题。

复购，即重复购买，解决的是客户留存和购买频次的问题。

裂变，即客户转介绍，解决的是存量客户主动介绍增量客户的问题。

这 4 个步骤共同组成了一个模型，我把它称为运营系统模型（见图 4-1），或者商业分析模型。它是一个可循环的闭环流程，大流程之间又可以拆解为无数个小流程，它们共同组成了一个商业系统。商业系统的运营，实际上就是一遍又一遍地重复这个闭环流程，并且持续不断地形成现金流的过程。这既是我们分析商业问题的基础理论，也是设计和实施会员制的基础理论。

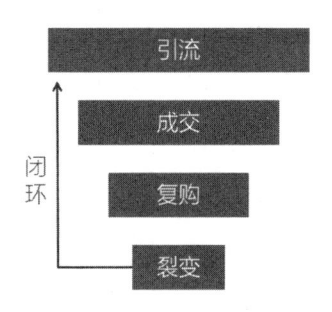

图 4-1　运营系统模型

在认识到商业系统的运营是一个闭环的同时，我们还发现它是一个上大下小的漏斗模型，这种形态意味着会有流失率存在。不是所有的客户都会一直忠于我们，实际上每往下走一步都会有一定比例的客户流失，这提醒我们要把每一步都做好，控制客户的流失率，或者说提高客户的转化率。

运营系统模型（商业分析模型）作为一个思维工具，它提醒我们要时刻保持"流程思维""闭环思维""漏斗思维"。我们所有的经营动作都是为了实现这 4 个步骤的闭环，经营当中遇到的所有问题也都是因为我们对这 4 个步骤中的某一步或某一环节没有钻研透或执行透而产生的。既然这是最基础的分析模型，我们就要十分熟悉这个模型，不断地使用它来分析问题和解决问题，直到我们能把这个工具熟练地应用到实际经营中去。

第一节 会员生命周期

在上述包含 4 个要素的运营系统模型的基础上，衍生出了各式各样应用于不同行业的流程分析模型，例如，在互联网行业中影响最广的 AARRR 模型（俗称增长黑客模型），这些不同的模型可以帮助我们理解和分析自身的业务。

如果我们把组织（机构、企业）理解为主体，把会员（客户、消费者）理解为客体，那么无论是运营系统模型，还是增长黑客模型，我们都是从组织行为的视角来分析的，也就是从主体的角度来分析的。既然我们能从主体的角度分析，那么也能从客体的角度来分析这一流程。甚至有必要经常性地切换视角，主动地从客体的角度去理解和分析会员的行为，这就有了会员生命周期的概念，从而促使我们认识到管理会员生命周期的必要性。

会员生命周期，是指会员在与组织或机构建立关系时经历的各个阶段，从刚加入会员到结束会员关系的整个过程。会员生命周期管理，是指根据不同阶段的会员需求和行为，通过有针对性的策略和措施最大化会员价值,并提升会员忠诚度的管理方法。在运营系统模型的基础之上,我制作出了会员生命周期模型,如图4-2所示。

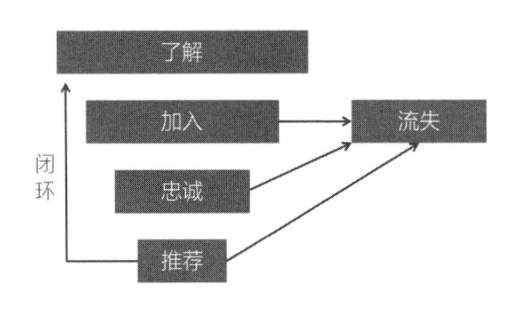

图 4-2 会员生命周期模型

会员生命周期模型对应运营系统模型,分别为"了解""加入""忠诚""推荐"4个环节。

任何一个会员都是先"了解",后"加入"。从"了解"到"加入",有的客户可能要经过很长时间的考虑,而有的客户可能只需几分钟。在商业组织范畴,"加入"的意思是付费或注册成为会员。毕竟会员生命周期模型是一个漏斗结构,有的会员能够走完"了解—加入—忠诚—推荐"的闭环,有的会员可能在"加入"之后,还没有到达"忠诚"就流失了。"忠诚"意味着会员有一定的复购率,或者频繁地参加组织的活动。"推荐"则是会员积极地向他人转介绍,吸引新客户加入并成为会员。"忠诚"和"推荐"代表了会员对组织的高度认同,是会员非常活跃的两种表现,也是我们经营会员所期望得到的结果。需要特别注意的是，会员在加入组织之后的每一个环节，都有可能不再活跃，而完全不活跃就代表着流失。

下面我们对会员生命周期中各个环节的一些要点进行逐一分析。

一、客户了解阶段

客户了解阶段就是商家发布信息让客户知晓的阶段，也是商家寻找目标客户的阶段。在建立会员制组织的过程中，商家要尽量关注那些精准的客户，给他们提供有价值的产品、服务、经验等，吸引志同道合的人。避免广撒网，否则后期商家去提升会员活跃度的时候，联系到的都是些不精准的客户，以至于浪费了原本有限的资源。

客户了解阶段最高效的场景，是线下面对面付费的场景，这时候既然客户已经付费，说明他们就是经过筛选的精准客户。同时，商家与客户面对面交易还能一次性提供大量的信息，使客户加入会员的概率显著提高。最低效的场景是商家线上推广一款非刚需的产品，客户在决定付款之前可能要被多次"种草"才能成交。所以，在客户了解阶段，我认为以下两个工作非常重要。

1. 正确地传递组织信息

你的企业是否有一些明确的价值主张？你的会员制是否有明确

的吸引力？你是否能够把这些价值主张和吸引力准确地表达出来，并且让客户准确地理解？你的文字、图片、视频等介绍，是否能激发客户的兴趣，并且不会产生歧义？对于正确传递组织信息所需的能力、手段、工具等，你是否都有所准备？

例如，当商家向客户推荐自己的储值会员卡时，客户不但关心自己能省多少钱、能获得什么礼品等，还担心商家有没有可能倒闭、有没有可能骗他。要消除客户的顾虑，商家就要展示自己的实力，如在一个装修得不错的空间环境里促进成交。商家要让客户无须担心被骗，可以提供零风险承诺，如7天无理由退换等。商家应该制作海报等宣传品来体现这些信息，还要把销售人员和服务人员都培训到位，使他们在面对顾客的时候，能够正确、完整地传递出企业的信息。

2. 寻找精准的流量来源

在保证信息传递无误的前提下，商家要找到能提供精准流量的渠道，使自己能真正接触到有效的客户群体。然而在实践中，商家自己去找流量或创造流量，几乎是不可能的。建议商家先去入流量相对大的地方，然后再把流量从公域引流到私域，进而完成会员化的过程。商家要想获得相对精准的流量，通常有以下几种方式。

第一种，线上精准营销广告。例如，实体门店可以在大众点评、抖音、百度地图等软件中投放本地生活的广告；电商可以在各大电商平台上投放关键词的竞价排名广告；做某种专业服务的商家可以到客户相对集中的区域投放电梯广告，或者到垂直自媒体上投放软文广告等。

第二种，线下门店精准选址。线下实体店获取流量的第一要素就是选址，只要选址对了就成功了一大半；相反，如果选址错了，再有经验的经营者也无用武之地。选址可以有很多种方法，归根结底有以下两种：第一种，调查一公里之内的客户需求。如果需求很大，有门店装修很普通生意也不会差。有一个词语"成行成市"，意思就是把需求集中在一起形成产业集群，这样大家就都有生意可做。第二种，调查客户到达所选门店的便利性，当然是离得越近越好。很多时候，即使在同一个地方开店，一楼的生意也比二楼的生意要好得多。

第三种，关联商家社群互换。商家想要的精准流量，往往就在和自身业务有关联的社群里，所以要尽可能地多发展一些关联商家，也叫渠道合作伙伴。别人给自己流量，自己给别人经济回报或用其他资源置换。比如，奢侈品品牌和豪车俱乐部一起合作搞会员活动，不但双方都能从中获利，而且双方的会员还得到了更多的福利，实现了三方共赢。

二、会员加入阶段

客户要成为会员，肯定会有一个门槛，这个门槛就是完成任务或支付款项，这里面包括任务设计问题和定价问题。任务设计的方法，我在本书第三章写"条件"这一要素的时候已经充分列举了；而定价问题，我将在本书第六章进行讲解。

商家当然希望更多的会员加入，但前提是精准的会员或是付费的会员。所以，"加入"的第一步——设计"加入"的条件（门槛），我们可以依据自己会员制的属性来决定，是设置壁垒还是消除障碍。一般来说，圈层式会员制倾向于设置壁垒，储值式、订阅式、积分式会员制则更倾向于消除或减少障碍，尽力扩大底层的会员基数。

"加入"的第二步，我们要在会员加入之后的初期里，尽快为会员提供服务。这是为下一步"忠诚"打下基础，也是为了防止"流失"而做的预防工作。例如，现在最常见的操作是，会员付费之后，会有专属客服添加会员的微信，同时将会员拉到某个专门为会员服务的社群。这些都是为了让客户在成为会员之后，能够很快地获得价值感。

"加入"的第三步，要奖励符合商家期待的客户行为。例如，会员在刚加入的前 7 天，每天登录商家的 App，就可以获得额外的积分奖励，并且积分在未来可以折现、提现或兑换其他权益。这两步连贯下来，目的是稳定刚刚加入的会员，培养会员的使用（消费）习惯，也可以防止新会员过早地流失。

三、会员忠诚阶段

会员忠诚，指的是会员频繁地购买商家的产品或服务、享受会员权益、积极参与会员社群的活动。这意味着该会员对商家的业务已经了解得比较透彻，并且认可商家所提供的价值。为了促使会员忠诚，我建议大家把所熟知的各种用户运营手段都用上，然后从中选择几种适合自己企业的，优化成组织流程或方法论。

（1）组织会员社群活动。多设计并组织有吸引力的会员社群活动，真实的线下活动最好，就算没有社群活动，也应该给会员一些分享信息的机会。

（2）对"忠诚"的会员提供更简便的购买流程、更个性化的服务、更自由的产品（服务）选择，或者提供一对一的沟通机会，使他们有更强的身份认同感和社群归属感。

（3）邀请一些"忠诚"的会员定期或不定期地到企业来参观学习，参与企业内部的产品研发、业务研讨、头脑风暴等活动，并请他们提出建议和意见，以及对他们提出的有效建议给予奖励，使他们更有参与感和成就感。

这里有一个特别经典的案例，小米手机在创业初期，开发了一套基于安卓系统的手机定制化操作系统，并建立了粉丝社群，请粉丝试用这套系统，还在社群里与粉丝不断交流，积极听取粉丝的意见，以此吸引了一大批热爱小米手机的铁粉，使即将上市的小米手机在预售阶段就一售而空。

四、会员推荐阶段

会员推荐就是老会员介绍新的会员，这使整个会员生命周期模型形成了闭环。会员推荐是会员忠诚的高级阶段，老会员能主动为商家推荐新会员，一定是对商家本身有很高的认同感，否则无论是物质激励还是金钱激励，都很难形成真正的会员推荐。这种高度的认同感，首先来自会员对产品（服务）的满意，其次来自会员对其企业文化（价值观）的认同，二者缺一不可。

商家如果想引导会员推荐，就要给会员提供机制和工具。机制包括精神激励、物质激励、金钱激励，工具包括信息系统、推荐话术、赠品、奖金等。机制解决的是为什么要推荐会员的问题，工具解决的是怎么去实现推荐会员的问题。

对于大多数的会员制，不建议过于强调物质激励和金钱激励，我认为精神激励优于物质激励，而物质激励又优于金钱激励。这种观点与企业的运转成本没有多大关系，而是基于企业文化的建设问题。纯粹的金钱激励就相当于渠道合作，以会员的名义来发展产品的代理商。对非专业做销售代理的人来说，渠道合作的本质是人脉变现，就是透支推荐人的人脉，用人脉关系来推动交易。因为不专业，所以必然不会持久。即使刚开始可能会有一个爆发式的效果，但是没有可持续性，这和企业经营所追求的商业模式的稳定性背道而驰。

一些非营利的会员制组织，会设置一些优秀会员、名誉会员之类的荣誉奖项，这往往让会员非常愿意参与，而且会员对拿到的奖项、奖杯也极为珍视。例如，每个地区在异地都有商会，而且商会的各级会长一般都是在异地创业并拿到一定结果的优秀企业家。推荐一个创业者加入商会后，推荐人可能更希望得到商会对自己努力为家乡建设做贡献的认可，得到商会或政府颁发的荣誉证书，它的激励效果可能远远胜过得到一些奖金。

相反，如果着眼于短期利益，商家就会为了迅速搭建一个营利性的会员体系，巧妙地运用金钱奖励也不失为一种有效的方式。大家需要客观地去看待这种模式，如前些年如火如荼的微商代理，绝大多数都是以会员制社交电商的形式发展起来的。

会员推荐机制的建立，还有一个条件尤其重要，就是要找到并服务好那些"超级会员"。所谓的"超级会员"，就是会员中的意见领袖，他们未必是会员中消费最多的人，但他们一定是会员中最活跃、最踊跃发言、最喜欢参加和组织活动的人。

"超级会员"是企业不领工资的"超级销售员",他们有着以一顶百的影响力。无论是吸引新会员的数量之大,还是打造组织文化的力量之猛,他们都是企业求之不得的宝贵人才。对于这样的人才,经营者要善于发现他们,并把他们汇集、培养、管理起来,给他们提供机制和工具,使"超级会员"和企业一起成长。

同时,我们也要看到,"超级会员"既有很强的建设力,也有很强的破坏力。所以经营者要对"超级会员"非常重视,使他们得到适当的激励和妥善的管理。

第二节 会员体系的设计流程

下面开始进入实操阶段,通过这一节,我们要学会如何着手设计自己企业的会员体系,以及在设计会员体系的过程中需要注意的一些指导原则。

大家需要注意,对于业务流程,一定要有闭环的思维。这一点在本章的一开始我就特别强调过,并且它还会贯穿企业所有业务的全过程。作为经营者,我们必须关心一项业务究竟能不能解决问题、满足需求；一套流程究竟能不能使团队把工作越做越好，即使主要人员发生更替，业务也能够平稳开展。这都要求我们按照闭环的思维来开展工作。

根据整个会员体系的设计和实施全流程，我总结并绘制出了下面这张会员制全景图谱（见图4-3），图中包括5个关键步骤：客户分析—方案设计—测试执行—效果评估—推广分销。

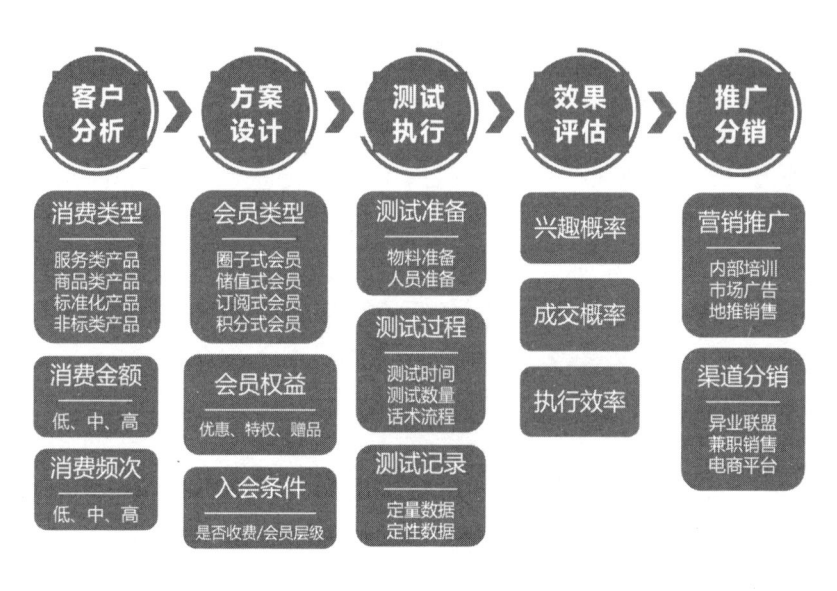

图4-3 会员制全景图谱

这张会员制全景图谱高度概括了会员体系（会员制）从设计到实施的完整链条，具有全面性、系统性、结构性，是本书中最重要的一张图，也是大家去调研、设计、测试、实施、评估、推广自己的会员体系时，用以参考的最重要的理论依据，在此提醒大家仔细阅读。

一般的经营者可能只关注到了会员制的"方案设计"和"测试执行"阶段，而这两个阶段在整个流程中，只是一小部分。这些经营者可能忽略了前期的"客户分析"；忽略了执行后需要严格进行的"效果评估"；忽略了产出大于投入之后如何去"推广分销"，这就限制了他们的业务发展，使企业处于"只见树木、不见森林"的状态。这张图谱提醒我们，要从整个系统出发去认识、设计和实施会员制。

第三节　客户分析

客户分析就是描绘出客户画像，把客户的基本属性和主要特征归纳总结出来。客户分析的主要方法是给客户添加标签。

进行客户分析，要先对客户做分类管理，通常又叫客户分类或客户分层，都是一个意思。客户分类搞清楚了，会员的类型基本上也就搞清楚了。客户分类可以粗糙一点，也可以精细一点，这取决于企业的客户数量有多少，以及企业的管理能力能够支撑多大程度上的精细分类。

管理能力主要体现在数字化能力和分析方法上，如抖音这样的企业，在强大的技术能力支持下，几乎能做到个性化推荐，使每个人看到的界面都不一样。很显然，一般的企业不可能具备这样的能力，所以我建议普通的中小微企业有清晰的客户分层思路就足够了，最重要的是制定的方案或计划要便于一线员工理解和执行。

和互联网平台企业动辄上亿的用户数量相比，一般的中小微企业服务的客户数量并不多，特别是实体门店，一家店若能服务500～1000个客户就已经是相当大的规模了。不光在客户体量上差异很大，在客户标签的精细程度上，互联网平台企业和中小微企业的差距也是巨大的。如果只从实操性上考虑，大多数实体企业的客户分析并不需要特别精细。我们平时给客户做分层分析时，要着重分析客户在消费上的3个要素：消费类型、消费金额和消费频次。

1. 消费类型

消费类型从根本上分为服务类产品和商品类产品两大类。例如，对餐馆来说，客人无论是到店就餐，还是外卖点餐，购买的都是服务类产品。如果客人吃完饭之后，觉得喝的酒还不错，在柜台买了一箱酒回家，那么他购买的就是商品类产品（或称零售类产品）。

沿着这两个分支，每一个大类里边又可以分出若干个小类，例如，服务类产品可以进一步细分为餐饮服务、技术服务、培训服务、咨询服务、代理服务等；商品类产品可以进一步细分为食品、日用品、工业品、药品等。

当然，这只是划分产品类型的思路，具体划分到什么程度，完全取决于自身的业务，我们没有必要去考虑和自身业务没有关联的产品类型。

例如，茶馆的主要产品类型有餐饮服务（或称茶水服务）、茶叶零售和茶文化培训。这3种类型的产品的内在逻辑并不一样，成本结构和利润率也大不一样，所以在类型上就要有明显的区分。即使在同一个大类里面，也可能存在几个性质迥异的小类。再如，还是在一家茶馆里面，同样是茶水服务这一大类，包间和散座就是完全不同的两个小类。所以经营者按照上面的分类情况，在设计茶馆的会员卡类型时，至少能划分出四五种不同的消费类型。

2. 消费金额

消费金额包括客户当天消费客单价的绝对值和相对值。消费金额就是客户当天消费花了多少钱，绝对值是指客户消费的具体金额，相对值是指客户消费的客单价和本店平均客单价相比是高还是低。

消费金额一般按照数量多少划分为几个梯度，如50~100元是一个梯度，100~300元又是另一个梯度。在不同的梯度范围内，客户的消费心态会有微妙的差异，经营者要善于捕捉这种心态差异，提出不同的成交主张来更好地提升客单价和引导客户消费。

消费金额和消费类型是直接关联的，如礼品消费，企业给重要的客户购买礼品，消费金额很容易达到几千元以上；企业给员工统一采购过节的礼品，量大的话也很容易达到几千元以上。

消费金额除按照消费的多少来划分梯度之外，直接定性地划分为高、中、低3个梯度也是可以的。消费金额和设计会员卡类型、制定会员卡门槛的关系较为紧密。一般来说，消费金额高的话，适合用圈层式会员制和储值式会员制，消费金额中等则比较适合用订阅式会员制，消费金额偏低则更适合用积分式会员制。

3. 消费频次

消费频次有高、中、低3个档次。消费频次就是客户多长时间来消费一次，消费频次和消费金额一样，既可以按照一定数量来划分梯度（类似于绝对值），也可以直接定性为高、中、低3个梯度（类似于相对值）。在这3个梯度的基础之上，可以进一步细分出更多的层次，比如，在营销上比较常用的顾客9阶段模型，如图4-4所示。

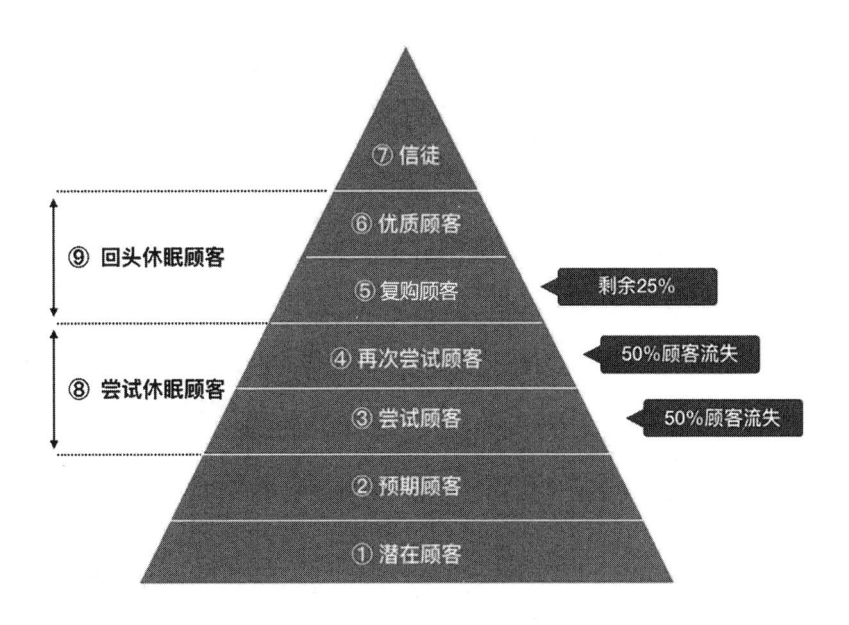

```
                    ⑦ 信徒
                  ⑥ 优质顾客
⑨ 回头休眠顾客    ⑤ 复购顾客      ← 剩余25%
                ④ 再次尝试顾客    ← 50%顾客流失
⑧ 尝试休眠顾客   ③ 尝试顾客       ← 50%顾客流失
                 ② 预期顾客
                 ① 潜在顾客
```

图 4-4　顾客 9 阶段模型

理论上看，消费频次越高的产品，意味着有越高的复购率，也就越适合使用会员制。不是所有的产品都有复购率，但是会员制的目的之一就是要提高会员在商家消费的复购率。一般来说，消费频次高的产品适合使用订阅式会员制，消费频次中等的产品适合使用储值式会员制，消费频次低的产品适合使用积分式会员制。

通过分析消费类型、消费金额、消费频次这 3 个消费要素，我们得出了在业务场景中的一类或几类客户的典型画像。接下来，我要给每一种类型的客户去单独设计一套适用于这种类型的会员制。

第四节　方案设计

在客户分析的基础上，会员方案的设计按照以下几点来进行：选择会员类型、设计会员权益和设置入会条件。

一、选择会员类型

就是从 4 种会员类型——圈层式会员、储值式会员、订阅式会员、积分式会员中，选择一种和自己的客户最为匹配的类型来设计会员方案。选择会员类型，一般有以下几种方法。

（1）借鉴同行法。看成熟的同行是怎么做的，先借鉴他们的做法，然后再根据自己的情况进行调整。

（2）专家建议法。找到你所在的领域里面被公认为专家的人，听取他们的建议或者购买其咨询服务。

（3）系统默认法。商家使用的收银系统一般都有自带的会员系统，按照系统的推荐或默认来设置即可。

（4）自行设计法。完全按照自己对于客户的分析和理解，自行设计一套会员机制。

二、设计会员权益

会员权益主要包括三大要素：折扣、特权、赠品。

1. 定折扣

定折扣最主要的参考依据是会员产品的综合毛利率，折扣的范围不能大于综合毛利率，要小于或等于综合毛利率。在实际经营中，还要考虑税收、运营、库存等多项成本。在不考虑专门拿出一笔营销经费来做会员补贴，以及不计算其他成本转嫁的情况下，普通的中小微企业如果能提供给会员的折扣达到综合毛利率50%就已经非常高了。经营者要切记，不要一开始就把会员的折扣定得太高，否则不仅会损害企业的长期利润，而且还未必能招募到真正的会员。

如果是在开业期间或特殊节假日，企业拿出一部分营销成本来补贴会员进行促销，把折扣力度放大一些，当然是可以的。不过企业要把时效设置好，把价值感做足，要把稀缺性和紧迫性充分体现出来。

我认为最好的折扣力度是一个相对较小的价格折扣，但是又刚好能满足客户的比价心理，让他们能够感受到切实的价格优惠。在这里我提出两个建议。

第一个建议是，在会员方案测试运营的时候，企业先用一个比较小的折扣力度来测试市场，在参考了市场的反馈数据之后，再去加大折扣力度或减小折扣力度。较小的折扣力度一方面能给企业未来进一步的让利留出余地，另一方面有利于企业长期的利润率。这就是我反复强调的"测试思维"。

第二个建议是，如果觉得折扣力度不够有吸引力，那么就用有吸引力的赠品来弥补折扣力度的缺陷，而且赠品是可以限时、限量的，是能够被客户看得到、摸得着的，有助于商家营造出赠品的稀缺性和兑换的紧迫感，并且营销的成本也比较容易核算出来。

2. 定特权

特权就是能体现身份感和价值感的一些会员专属的免费服务。这里的"免费"，主要有两层含义，一层含义是会员使用自己的特权，不需要再额外付费，或者只需要象征性地支付很少的费用；另一层含义是商家提供的特权，不会额外增加商家的成本，也就是特权的成本已经在正常经营成本中支付过了。

例如，经常出差的朋友可能有华住酒店集团"华住会"的会员，它的金卡会员不但可以享受更低的房屋价格，还可以享受免费的早餐，而银卡和银卡以下的会员吃早餐要交20元钱。免费的早餐就是"华住会"金卡会员的特权。那么，给金卡会员提供免费的早餐，额外增加酒店的成本了吗？答案是没有。例如，在某些地区，从银卡升级到金卡的条件是交 50 元钱,并且是在会员办理入住的时候直接交给酒店前台,而不是在 App 或小程序里充值,那么对酒店来说是有实际收入的。另外,酒店餐厅本身就要准备一定数量的食材,对餐厅来说,多几个人吃早餐非但不会增加成本,甚至可以减少食材的浪费。所以,这个金卡会员的特权设计,就是一个有效的、双赢的设计。

企业应特别注意,如果是不符合这两层含义的"特权",就不要设计在会员特权里面,它不但会增加企业的运营成本,还会削弱会员体系的价值感。

3. 定赠品

赠品的目的是促进成交。赠品不是必需的,如果优惠和特权已经有了足够的吸引力,商家就没有必要花费更多的成本在赠品上。使用赠品就如足球比赛中的临门一脚,又如用一把锤子来锤钉子,我们要通过这临门一脚把球踢进去,要用锤子一下把钉子钉进去,让成交成为板上钉钉的事实。

赠品的直观展示,对形成有利于成交的氛围很重要。如果是在实体店内,赠品最好选择一些实物产品并做出一个明显的堆头,只有让客户看得见、摸得着,才能起到最直观的效果。如果是在手机端或电脑端的网页上,赠品则应该有较大的图片展示,以便引起客户的兴趣。

赠品和特权的原理是差不多的,特权偏虚,而赠品偏实,归根结底都是在塑造价值感的同时,尽量不过多地增加商家的成本。或者在商家已经投入的成本里,通过剥离、组合和包装,塑造出独特的价值感来,这本质上也是一种商业策略运用的创新。

例如,实体门店的商家可以把一些尾货用作当季促销的会员赠品,做出一个有视觉冲击力的堆头来。用于促销的赠品堆头,如图 4-5 所示。

图 4-5　用于促销的赠品堆头

折扣、特权、赠品这 3 个要素,商家可以按照顺序来向会员提供。在实践中,商家未必需要把这 3 个要素都提供给会员,如果能做到有足够的吸引力,并且能获得一定的会员参与度和认可度,就可以只提供其中的一两个。

三、设置入会条件

权益和条件是相对应的,并且遵循了平衡的原则。会员类型和会员权益定下来之后,入会的条件也就相应地显现出来了。

加入会员的第一步是登记信息,也就是填写注册会员信息。过去是填写表格,然后由工作人员整理入库,现在大多数企业的管理系统都已经数字化了,还没有数字化的企业也应该尽快地实现数字化。选择一个好用的会员信息系统很重要,最好是先向优秀的同行多方请教,再经过测试使用后,找到一个在业内被广泛使用且自己又用得顺手的专业管理软件。

加入会员的条件,无非就是确定两个方面的问题,第一个方面,入会是否收费?收费的话,会员费的门槛是多少?不收费的话,需要完成哪些任务?第二个方面,需要设置几个会员层级?每个层级之间的升降标准是什么?

收费的会员,主要存在于储值式会员制和订阅式会员制中。

储值式会员制的储值门槛,建议设置在平均客单价的 5 倍左右。这是在大量实践经验的基础之上总结出来的规律,设定这个倍数的储值门槛,顺利成交的概率较大,相当于提前锁定了客户的 5 次消费。虽然低于这个倍数客户储值会更加容易,但是商家收到的资金会偏少,员工销售起来也没有什么难度。如果高于这个倍数,让客户储值就有一定的难度,需要商家提出更有吸引力的成交主张，或者要求员工有比较强的销售能力。

订阅式会员制的收费，要区分客户是购买的一种资格，还是集中性采购。如果客户是购买的一种资格，可以参考开市客超市的会员卡制度。按照现在普遍的客户消费心理来看，商家把会员年费定价在99~299元这个区间是比较可行的。如果客户是集中性采购，那就按照一个月、一个季度或一年的消费频次来划分，如一个月30次，一个季度6次，一年12次等。商家先计算出一个综合价格，然后制定一个折扣。

会员层级的升降，主要通过积分的变化来实现。计算积分的规则，我在第三章第五节中有比较详细的讲解。为了提高会员的活跃度，可以对积分设置有效期。即每达到一定的时限，如半年或一年，商家就对达到时限的积分做过期处理，但要注意通知会员在积分过期之前兑换服务或礼品。

经过上述3个步骤——选择会员类型、设计会员权益、设置入会条件，会员方案基本就成形了。接下来，我们就要对方案进行测试执行了。

第五节　测试执行

这一步就是把方案放到真实的运营环境中去测试和执行。测试和执行分属两个阶段,先有测试,再有执行,重点在测试阶段。

严格来说,商家设计的任何运营计划和营销方案都要经过测试,在确认其可行性之后,才能正式启动并大规模地推广应用。测试思维是很重要的经营思维,它体现了经营者实事求是的作风。我们国家在做出一些重要的政策调整之前,总是先找几个试点,在新思路、新模式试运行一段时间并确认可行性之后,才会大规模地推广应用,这就是测试的思维。

测试的原则是"小步快跑,试错迭代"。

"小步快跑"强调有了想法就要快速行动起来,不需要等到想法非常成熟之后再采取行动,而是小步、快速地采取行动。例如,对一家连锁店来说,一个新的促销方案设计出来后,如果所有连锁门店同时开始促销,就需要准备很多的宣传物料,一旦这个方案有问题需要调整,那么前期准备的大量宣传物料就有可能会作废,这无疑会造成很大的损失。所以,当一个新的方案做出来后,应该先准备少量的物料,尽快地行动起来,在其中一家门店先行测试。

"试错迭代"要求在短时间内收集到足够多的反馈,把可能犯的错误尽快地犯一遍,以求尽快地发现问题,进而把方案调整成一个比较成熟的版本。测试思维告诉我们,完成比完美更重要,版本永远都有更新迭代的可能。

测试分为测试准备、测试过程和测试记录3个阶段。

一、测试准备

测试准备分为物料准备和人员准备两类。

物料准备主要是宣传用的物料和促销用的物料,包括用于展示会员方案的海报、易拉宝、KT板展架、图片等,还有提供给新会员的赠品和传单等。这些物料的形态有实物的也有电子的。

人员准备主要是对参与会员推广和销售的工作人员做好流程和话术的培训。企业应布置好工作人员的具体工作,并且做好实战演练,使工作人员能按照统一的标准去理解这个会员体系,并能把会员体系的要点给准客户们讲清楚。

在测试阶段,实物类的宣传物料要尽量少准备一些,并且不需要制作得很精美。常见的做法是依靠工作人员做口头销售来获得市场反馈,少留一些实物的痕迹,这样做是为了方便以后企业在策略上进行调整。这是一个在多次实践中总结出来的技巧,在测试阶段,如果方案能通过工作人员口头传达,就尽量少做成公开的海报或文档,即使要做成海报或文档,也要清晰地注明有效期很短,并且商家保留解释权。这样做的目的,一是便于企业发现问题之后进行快速调整,不给准客户留下方案前后不一致的依据;二是促使工作人员充分地理解方案,能够对客户进行有效的推销,并拿到准确的测试结果。

二、测试过程

测试过程就是在规定的时间内完成一定的测试数量。

如果测试准备做得足够充分，测试过程自然就会比较顺利。一般来说，一个新的方案测试 1~3 个月是比较合理的。如果商家的自然人流量比较大，每天都能有一定数量的客户进入测试过程，那么测试的期限可以更短一些。对实体门店来说，一个测试周期测试 100 个客户基本就够了。但是对互联网应用或者电商来说，可能要测试 500~1000 个客户才能得到比较有分析价值的数据。所以，单纯地看客户数量未必科学，要同时参考消费客单价，如果客单价偏高，测试的数量就可以减少。

完成测试过程之后，就进入了数据评估阶段。测试时，企业要尽量按照已经定下来的方案去执行，等走完一个完整的测试过程再做评估。不要为了得到更好的销售结果而着急调整方案，过早地自我否定说明前期做方案设计的时候考虑不周。

三、测试记录

测试记录就是尽可能多地收集测试过程的信息，包括定量的信息和定性的信息。测试结果包括直接的测试结果和间接的测试结果。

直接的测试结果主要包括两个方面的信息，一是准客户是否有兴趣了解会员卡的基本信息，也就是当销售人员向准客户介绍会员卡时，准客户是否愿意听下去？是否主动提一些问题？是否推辞或回避？二是表现出兴趣的准客户最终有多少人购买了会员卡？他们当中没有购买会员卡的原因是什么？是因为价格过高，还是担心公司有经营风险或者因为其他问题？

除了直接的测试结果，还有很多间接的测试结果都可以被记录下来，例如以下这些问题。

- 有多大比例的准客户成为会员？是一次到店就成交，还是多次到店后才成交？
- 客户拒绝成交的原因有哪些？客户提到的顾虑点有哪些？
- 客户了解会员卡方案之后，有多大概率会主动询问如何办理？
- 会员成交的直接原因是折扣力度足够大，还是赠品很有吸引力？
- 哪几句话术是最吸引客户的？哪几句话术是最能促进客户当场成交的？
- 成为会员的客户类型和我们分析的客户类型相匹配吗？如果不匹配，那么有哪些差异？

这些信息可以汇编成客户信息登记表。让销售人员在每一次推销之后，无论成交与否，都必须做好记录。

第六节　效果评估

基于数据的效果评估，其目的是优化企业的会员制方案，使企业最终形成一套成交概率高、综合利润率高、适合长期使用的会员体系。数据评估的作用不是为了推翻前期设计的会员方案，更不是为了证明前期设计的会员方案有多正确和完美。

一般来说，任何一个会员方案设计，前期只要有流量，在测试阶段就一定能有效果，而且还会暴露出一些问题。不太可能出现完全没有效果，或者效果好得出奇的极端情况。

效果评估关注的两个核心问题，正好对应着方案测试的两个核心问题。

其一，我们设计的会员方案是否对准客户有足够的吸引力？

其二，会员方案在测试阶段是否取得了令人满意的成交结果？

如何做出评估结果呢？如何判断当前的会员方案是否可行呢？这就取决于对以上两个问题的回答。

在实践中，评估结果是以定性的方法为主，以定量的方法为辅。定性的方法，就是包括决策者、经营者、有经验的人（专家）是否认为该方案取得了"令人满意"或"可以接受"的结果。定量的方法，就是依据量化的数据做评估，如客单价、转化率、增长率等，主要是当期数据和往期数据的对比，以及自己的数据和同行平均数据的对比。

前文中提到的两个问题，需要检验以下 3 个关键指标的达成度，才能做出回答。

（1）兴趣比例，即表现出对方案有兴趣的客户占比。

（2）成交概率，即客户的成交转化率。

（3）执行力，即员工准确完成既定销售流程和话术的能力。

如果对关于效果评估的两个问题的回答都是正面的，那么评估的结果是比较理想的，而且没有必要再做更多优化，现有方案就可以正式投入使用。"令人满意"虽然不是一个可以被量化的形容词，但是在真实的经营中，身处一线的经营者是可以根据经验直接做出判断的。毕竟不同的产品、场景、客群，以及不同的会员方案所产生的结果千差万别，不可能按照统一的标准去衡量。同理，经营不是做实验，会有一个"令人满意"的标准作为结果。事实上，如果没有明显的漏洞需要修补，那么对方案的优化就可以点到为止。

如果第一个问题被否定，可能存在的原因有以下几点。

（1）大部分销售对象可能不是精准的目标客户。

（2）折扣的力度或赠送的礼品不足以打动准客户。

（3）销售的话术没有直击会员产品的核心价值点。

如果第二个问题被否定，可能存在的原因有以下几点。

（1）成交的主张不够有说服力，销售的临门一脚没踢好。

（2）准客户存在一些成交顾虑，销售没做好零风险承诺。

（3）前期成交的案例偏少，销售没能提供足够多的客户见证。

经营者可以根据上面几种情况去对号入座，针对现象找到原因，然后调整方案，再继续新一轮的测试、执行和评估。

例如，现在有一家茶饮店，计划推出一种储值300元即可享受8折优惠的会员卡，超过50%的客户在听到店员推销这个会员卡时，并没有直接拒绝，而是提出了几个问题，但是问完问题之后却没有购买。这种情况基本上可以说明，虽然这种会员卡的优惠力度是有吸引力的，但是店员促进成交的力度不够。

如果客户没有直接拒绝，而是对会员卡的功能提出问题，说明他对会员折扣是有兴趣的，而且未来还有可能来消费，那么他肯定是我们的精准客户。面对这类客户，成交转化率应该是非常高的，如果销售人员没有使其成交，那么说明企业的销售工作是失败的。

通常我们可以先通过调整销售的话术来看看能否提高成交概率，例如，告知客户办了这张卡之后，平均每喝一杯茶他可以节约 4 元钱，这种话术可以使客户更直观地感受到优惠的力度。再如，告知客户如果卡里的钱没用完，还可以无条件退款，这种话术是为客户解除购买的顾虑。如果通过调整销售话术，成交概率明显提高了，那么这个会员卡方案就可以继续推进下去了。如果调整了销售话术以后，成交概率并没有提高，那么经营者再尝试从调整会员卡的方案入手：究竟是把 300 元的门槛调低到 200 元，还是提高优惠力度，从 8 折降到 7 折呢？我认为调低门槛比较合适，因为这样做不会降低利润率。

反过来看另外一种情况，如果新的方案刚一推出，超过 50% 的顾客一听到有这种会员卡就马上成交了，没有任何的销售难度，这说明让利幅度太大了，经营者没有必要在那么大程度上去牺牲利润。发现这样的情况后，经营者就要重新开始评估，是否把门槛提高到储值 500 元，或者降低折扣力度到 8.5 折或者 9 折（同理，我建议是前一种做法）。从这个调整的动作中可以看到，前面章节不断强调的"测试思维"有多重要，经营者要学会给自己保留调整空间。

要想大幅提高成交概率，一定是略有难度的，这是经营管理的内在要求。除非企业在所处行业中占有了一个完全垄断的刚需市场，否则在开放的市场环境中，如果产品没有销售难度，那么说明企业出让了过多的利润。这样做对企业的持续发展，对员工待遇的稳定和提高，都有害而无利。产品如果太容易卖出去，员工的销售能动性就体现不出来，企业就不会给到员工适当的提成激励。如果没有员工的积极推销，企业的会员制也很难发展起来。

会员制实施的第 4 步是"效果评估"，经过评估的会员方案，要么回到第 3 步"测试执行"，要么前往第 5 步"推广分销"。

第七节　推广分销

如果一个会员制方案运转良好，包括销售的转化率、后期的续费率、客户的满意度、公司的利润率等，都表现出令人满意的效果，就说明企业对客户的分析和自身的经营目标实现了较好地匹配，并成功地验证了在方案设计初期对于这一块业务的假设。这样一来，企业就得到了一个比较成功的会员制方案。

企业要做的下一步，就是把这个会员制方案推广和放大，拿到更多的市场份额，实现更大的经济效益。想要做好生意，就要优化自身的投入产出比。生意可大可小，因为投入产出的模型是可以被放大或缩小的。有经验的老板从来不怕投入，因为不论多大的投入，只要能把投入产出比算清楚，就一定会有很多人愿意一起来投资和参与。

人们常常把生意从小到大比作从 1 到 10、从 10 到 100、从 100 到 1000、从 1000 到 10 000……的过程。在会员制全景图谱中,如果说前面 4 个步骤都是为了找到 1,那么推广分销这个步骤,就是要给 1 的后面加上若干个 0。会员制能做到多大,取决于企业能给它后面加上几个 0。推广分销其实就是做两件事:加大营销推广力度和加大分销渠道建设。

一、营销推广

在营销推广上发力,企业一般要做好以下 3 项工作。

1. 对内加强培训

在对外发力之前,企业内部一定要达成共识,如果共识不达成,力量就会很分散。共识主要包括两点:一是企业内部所有人都认同这项工作很重要;二是企业内部所有人都理解自己的工作该怎么做。

所以会员方案在进入推广环节之前,要有专人组织企业的各个部门统一培训或轮流培训,让所有人都了解:企业为什么要推广这套会员方案?这套会员方案是怎么运行的?方案的实施和个人有什么关系?自己所在岗位的工作具体该如何开展?取得成绩之后会获得什么奖励？完不成任务的话又该如何问责？诸如此类的问题都要通过培训去达成共识。

2. 投放产品广告

商家要寻找各类媒体去投放产品广告，以触达潜在的精准客户群体。广告内容包括营销宣传用的图片、视频、音频等资料，常见的广告形式有：广告牌、电梯广告、电视广告、电台广告、抖音或朋友圈的本地生活广告等。

广告主要有两种类型：一类是产品销售广告；另一类是品牌形象广告。前一类的目标是直接完成销售，需要明确的显示产品的功能、价值、优惠等信息，并提醒感兴趣的顾客该如何购买。后一类的目标是先打造品牌形象，再间接产生销售，具体来说就是使客户对品牌形成记忆，以促进未来成交的可能性。

3. 地推直接销售

商家要以扫楼、扫街的方式组织销售人员地堆，主动寻找客户推销，或者发放传单广告。地推销售在保险行业、健身行业中最为常见，在以前是最有效的销售方法之一。但由于它容易对客户造成骚扰，所以现在已经被大部分消费者所排斥，效果越来越不好。但地堆对于一些消费频次高的产品和服务，仍然是一种可行的方法。

二、渠道分销

渠道分销就是发展合作伙伴来帮自己分销一些可以直接销售的会员卡或会员服务，最为常见的分销渠道是开发异业联盟企业和招聘兼职销售。同时，发展渠道分销的企业要有一个配套的数字化信息系统和分润的管理制度，数字化信息系统是让收银、分润等操作可以由数字化工具来自动完成，分润管理制度是确保涉及分销的所有人都能够被激励并主动参与。

能用来做渠道分销的会员制类型，主要是订阅式会员制。那么，渠道分销是如何实施的呢？下面就是几个渠道分销的具体事例。

例如，首先，设计一套入门级产品，并将其设计成订阅式会员制；其次，找一个支持分销功能的社交电商平台；最后，物色一些社交能力强、爱分享、想赚钱的高流量主播（类似于"超级会员"），就可以让他们去分销了。

又如，首先，运用关联商家的思路，找一些不仅业务关联性比较强，而且本身已经有成熟的渠道能力，又想用好的分销产品来实现获利的渠道合作伙伴；然后，发展渠道分销的企业把自己的会员卡搭载在他们的业务上做关联销售就可以了。举个典型的例子，过去订报纸和订牛奶，都是借助于邮政的网络来推广的。

再如，用好一些数字化销售系统的自动分销功能。做 SaaS（软件即服务）的科技公司，可以给老会员发一些推荐码，让老会员推荐给新用户免费试用一段时间，试用期过后肯定会有一些新用户注册成为会员，相应的老会员就可以得到一些返现，这种分销方式会激励老会员积极地做转介绍。

第八节 如何评价会员体系

在本章的第六节，我们讨论了对会员方案执行效果的评估，本节我们来讨论对会员体系的评价。前者是由企业内部来操作的，对会员方案的短期执行效果进行即时性复盘，是为了调整和优化方案而做的评估。后者是对企业的整个会员体系做综合性、长期性的评价，它就像是企业聘请了一个外部的咨询管理专家对自己的会员体系进行审评，又像是以一个外部投资者的视角来评估该企业是否具有投资价值。

从科学研究的角度来对一件事物进行评价，往往分为结果性评价和过程性评价。结果性评价就是所谓的盖棺定论，是对事物的发展阶段设定一个时间节点，然后做出的总结性的评价。过程性评价就是所谓的就事论事，是用一种动态发展的眼光，对事物当下的状态做一个暂时性的评价。这两种评价方式，不是相互排斥的，而是相互补充的。对会员方案执行效果的评价，就是一种过程性评价，而对会员体系的综合评价，则更偏向于一种结果性评价。

对会员体系的综合性评价，我认为有两个核心的评价指标，即产品的市场匹配度和业务的可持续性。

一、产品的市场匹配度

产品和市场的匹配度，就是产品符合市场需求的程度，是最经典的供给和需求之间的关系。它要求我们要理解市场的需求，同时保持产品有相对的竞争力。

产品和市场的匹配度越高，市场开拓就越顺利，销售业绩也就越容易进入良性的增长状态。虽然这种状态是经营者们所追求的，但它也是动态变化的，因为市场竞争中的所有因素都在时刻变化，所以企业要时刻关注自身产品和当下市场的匹配程度。

如何去量化评价产品和市场的匹配度？我们要关注两个指标：投入产出比和净推荐值。

1. 投入产出比

投入产出比（Return On Investment，ROI）又称投资回报率，简

称投产比，是项目投入资金与产出资金之比，即项目投入 1 个单位资金能产出多少单位资金。投产比是经营者和投资者最为关注的指标，是人们做投资和经营决策时最关键的依据。

投产比的数量可用"1：N"的形式表达，N 值越大，经济效果越好。也可用公式来表达：ROI=利润/投入=（收入-成本）/投入。ROI 是用于衡量产品投入效果的重要指标，人们经常说要追求"ROI 跑正"，就是指获得正向的投入产出比。

例如，我们来计算一个广告投放 ROI，广告共投入 10 000 元，累计获得收益 15 000 元。在这种不存在前期投入的情况下，投入等于成本，则 ROI=（15 000-10 000）/10 000=50%。所以，该项目获得了 50%的投入产出比。

再如，我们开发一个 App 互联网应用，在应用上线前投入了大量的人力、物力等，累计投入 200 000 元。在应用上线一年后，总共获得收入 500 000 元，期间各种管理和运营成本为 350 000 元，则 ROI=（500 000-350 000）/200 000=75%。

从以上两个案例的对比中，我们可以明显地看出，当项目涉及较长周期且存在前期投入时，以及在计算 ROI 的时间区间内，成本无法完全覆盖投入时，成本与投入不相等。此外，我们还可以看出，不同场景之间的 ROI 并不存在可比性，认为研发 App 的投产比 75%

一定优于投放广告的投产比 50%是不正确的，因为两者对于投入的划定不一样，所以无法进行直接比较。但同行业、同场景之间的投产比依然具有可比性，一般来说投产比越高越好，这表明了产品和市场的匹配度很高。

ROI>0 时，收入大于成本，即收入完全覆盖了成本，表示项目实现了盈利；ROI=0 时，收入等于成本，在一定时期内，收入能够覆盖成本；ROI<0 时，收入小于成本，表示项目处于亏钱状态，需要及时调整，提升 ROI。

2. 净推荐值

净推荐值（NPS）是一种计量某个客户将会向其他人推荐某个企业或服务的可能性的指数。它是目前在营销界被广为应用的客户忠诚度分析指标，用于评价客户是否会对我们的企业品牌（产品品牌）做出积极或消极、正面或者负面的行动。

获得 NPS 值的方法很简单，就是问客户一个问题："你有多大可能把某品牌（产品、企业）推荐给周围的朋友？"让客户在 0～10 分范围内给出分数，0 分代表"完全不愿意"，10 分代表"一定会推荐"。

NPS 的计算方法，如图 4-6 所示。NPS 把 0～10 分划分出了 3 个层级的忠诚度。

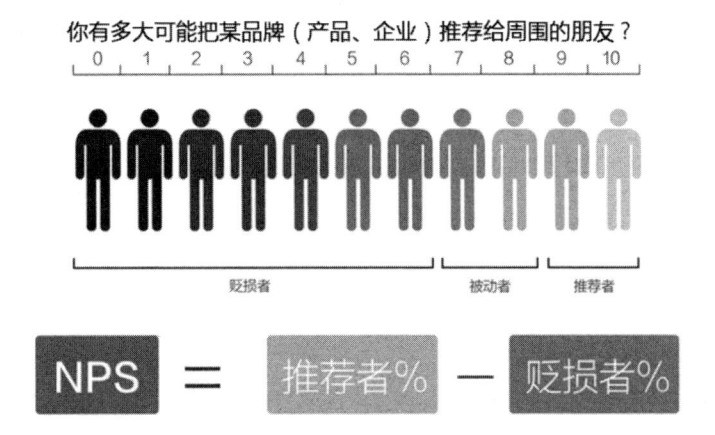

图 4-6 NPS 的计算方法

（1）推荐者，给 9～10 分，对品牌（产品、企业）的忠诚度很高或极高，他们会继续购买并且乐意推荐我们的品牌（产品、企业）给其他人。

（2）被动者，给 7～8 分，对品牌（产品、企业）比较满意但并不忠诚，会考虑其他竞争对手的品牌（产品、企业）。

（3）贬损者，给 0～6 分，对品牌（产品、企业）很不满意或极不满意且毫不忠诚，不仅会停止购买，而且可能会传播品牌（产品、企业）的负面消息，造成恶劣的影响。

我们在搜集到一定数量的问卷之后，用以下公式进行计算：

净推荐值 NPS =（推荐者数/总样本数）×100% −（贬损者数/总

样本数）×100%

通过计算，得出的推荐者和贬损者之间的百分比差就是 NPS 的值。一般而言，NPS 数值越高说明企业的忠实用户越多，NPS≥50% 的话就可以认为是不错的，如果达到了 70%～80% 那么说明企业已经拥有了一批忠诚度很高的会员，而得分低于 50% 的话，企业就需要去调整自身的企业形象、产品定位等，来提升 NPS 指数了。

企业不但可以运用 NPS 来评价顾客对品牌（产品、企业）的忠诚度和满意度，还可以通过 NPS 这种评价方法来找出服务体系中的问题和不足。我们可以在问卷中增加一道题目："你给出这个分数的原因是什么？"或者针对贬损者和被动者进行专题访谈。

二、业务的可持续性

业务的可持续性是我们研究商业模式的根本，尤其是对会员制经营这类基于长期主义的商业模式来说，由于前期（会员了解阶段和会员加入阶段）的营销成本偏高，在会员生命周期之内的综合利润率又偏低，所以经营者必须高度关注会员的留存。

如何评价业务的可持续性？我们可以关注以下 3 个指标：周期性收入是否增长、会员流失率是否可控、获客成本是否可持续。

1. 周期性收入是否增长

周期性收入就是会员制组织（机构、企业）的经常性收入，它包括月度、季度和年度经常性收入。从商业会员制的范畴来说，不同会员制的周期性收入具体表现为以下两方面。

（1）订阅式会员制和圈层式会员制所收取的会员费，如年费、季费或月费。

（2）储值式会员制的会员储值中月度、季度和年度核销（折现）的部分。

业务的可持续发展，要求会员制周期性收入的总和是同比增长的，即今年与去年相比，会员制周期性收入是增长的；今年与去年的相同月份相比，会员制周期性收入也是增长的。当然，对于有一定经营年头的企业，年度的数据才最有参考价值。

2. 会员流失率是否可控

会员的流失率是较难精确统计的，又因为会员制的优势之一就是可以有理由召回或唤醒不活跃的会员，所以在实操中未必能做到十分精确，但也要能够反映出会员流失的趋势。

流失包括两种，即客户流失和收入流失。客户流失率和收入流失率完全不同，一个大客户带来的收入可能要超过一百个小客户。毋庸置疑，无论是客户流失率还是收入流失率都要越小越好。收入流失率要比客户流失率难统计得多,但是由于收入的变动可以反映在上一个指标——周期性收入的变化上,所以下面着重分析客户流失率,它的计算公式如下:

客户流失率 = 当前周期流失客户数 / 上个周期客户总数×100%

例如,一家公司在 6 月的客户总数为 20 家,到了 7 月,这 20 家老客户中只剩 15 家继续付费,流失了 5 家。那么,此时的客户流失率即为 5 / 20×100% = 25%。另外,也可以用客户流失率来计算客户留存率,公式为:

客户留存率 = 1 - 客户流失率

在这个例子中,客户留存率 = 1 - 25% = 75%。

在会员体系中,会员流失主要表现为以下两方面。

(1)订阅式会员制和圈层式会员制到期之后不再选择续费。

(2)储值式会员制的会员储值消耗完之后不再继续充值。

基于流量、复购率、行业性质等差异,不同行业的流失率会有很大差别,无法用一个相对固定的数值来衡量流失率是不是被控制得很好。在实践中,我们可以通过以下方法来判断流失率是否可控。

(1)对比自身业务在一定时间段内流失率的变化。

(2)对比自己和较为优秀的同行之间流失率的差距。

（3）通过综合营业收入和营销成本的变化来判断流失率。

有研究表明，经营者要对客户流失率公式所得出的结果放大5～10倍去看待，因为当期的流失率有延伸5～10期的可能性，所以1%的客户流失率可能意味着在未来有10%的客户流失。这对企业来说，显然是相当严重的。所以，并不是流失率的数值比较小，就不必重视。

3. 获客成本是否可持续

理想的会员体系应该是企业的获客成本越来越低，因为企业在有了品牌之后自然会有一定的流量，加之良好的会员体系会促使老会员带来新会员。所以在不考虑市场竞争加剧，以及经营成本上涨的前提下，如果获客成本没有在会员体系发展的过程中逐渐降低，那么这一项业务的获客成本就被认为不可持续。

获客成本就是企业获得一个客户的成本，包括所有的市场和销售费用。从理论上讲，获客成本的计算公式为：

获客成本 =（总市场费用+总销售费用）/ 新获取客户数量

这个公式看起来很简单，但在实际计算中还是有很多问题。最常见的问题是，如果缺乏经验，经营者往往会忽视很多"看不见的成本"，如以下几个方面。

（1）对于转化周期较短的业务，市场和销售费用是比较容易统计的，但是对于转化周期较长的业务，统计起来则比较复杂。如 SaaS 服务通常会向所有的潜在客户提供 1 个月左右的免费试用期，这 1 个月的试用成本就应该计入营销费用，而且并非所有免费试用过的客户都会转化为付费客户，那么这部分流失客户的成本也应计入总获客成本之中。

（2）计算市场和销售的总成本，要把与市场和销售相关的所有费用都计算进来。不仅有市场和销售部门的薪酬、物资，还有获取市场线索的渠道费用，再加上为了支持市场和销售所购买的工具，组织的活动，调动的资源，以及免费试用期间公司承担的运营成本等。

（3）企业要严格地区分各类会员的获客成本。有正常续费的会员，有断交费一段时间之后又重新续费的会员，还有老会员推荐来的新会员。这些会员类型应该区分开，单独计算获客成本，不要计入专门开拓的新会员的获客成本当中。因为这些类型的会员获客成本显然要比专门开拓新会员的获客成本低得多，如果把他们合并进来，就会导致企业对获客成本的低估。

本章小结

（1）运营系统模型是企业分析所有业务类问题的基础，它是由 4 个步骤——引流、成交、复购、裂变所组成的极简模型。由此模型可衍生出会员的全生命周期模型——了解、加入、忠诚、推荐。这两个模型分别从业务主体和业务客体两方面使企业的会员体系形成了全面性、系统性、结构性的分析框架。

（2）会员制的全景图谱包括 5 个步骤：客户分析、方案设计、测试执行、效果评估、推广分销，这 5 个步骤构成了一个完整且可循环的闭环。会员制全景图谱告诉我们，整个会员体系的设计和实施流程都有方法论，并且都很重要。

（3）会员制的组织架构与一般商业性的组织架构有所区别。当打造一个会员制组织时，企业必须要相应地调整组织架构，使得生产力与生产关系相互匹配。

（4）对会员体系要做阶段性和结果性的评价，这可以帮助经营者从企业外部的视角来判断自身的价值，作者认为有两个核心的评价指标，即产品的市场匹配度和业务的可持续性。

第五章
会员服务的文化和工具

服务是会员经济和会员制的根本。

本书的第一章提到过：**会员的特权就是得到商家有差别的对待。**如果会员无法感受到有差别的服务，那么会员制的体系就无法成立或难以为继。什么是为会员提供有差别的服务？并不是要企业无条件地为会员提供超预期的服务，只要能让会员感受到所获得的服务是优于非会员的就可以了。**从商业组织的角度来看，提供有差别服务的核心是要塑造出这种服务的价值感，以及确保这种服务的持续性和稳定性。**

会员的权益包括3项：优惠、特权和赠品。会员的差异化服务属于会员权益中的特权部分，客户之所以愿意付费或完成任务成为会员，得到会员特权是非常重要的原因。所以能否做好会员服务，能否使会员持续获得有价值的服务，在很大程度上影响着企业会员体系的实施效果。

本章将围绕 4 个部分——服务能力、服务文化、服务流程、服务工具来展开论述。这 4 个部分共同构成了会员的服务体系。

第一节　服务能力

服务能力是掌握业务全流程的能力，客服人员要具备最基本的服务能力。如餐馆服务员的服务能力就包括但不限于迎宾、点单、上菜、收银、清洁卫生、盘点库存等。只要是身体健康、智力正常的人，经过相关的培训都可以具备服务能力。所以服务能力其实是一种精神、一种态度、一种意识。

普遍意义上的服务能力主要包括 3 个部分：服务精神、专业能力、沟通能力。

一、服务精神

服务精神是一种共情的能力，表现为一个人能够站在对方的角度去体会对方的感受，并主动地为其提供服务。服务精神有时候还会要求我们让渡一些个人的权益，但是绝对不是牺牲自己来成就他人，即便我们让渡了一些个人权益，也是基于利他之心并且自己内心是愉悦的。有了服务精神，服务能力自然就会越来越娴熟。相反，如果没有服务精神，服务能力就成了表演，就没有了持续性和延展性。

企业在招聘、遴选服务人员，考核员工服务能力的时候，首先就要考核其是否具备服务精神。服务精神不是每个人都有的，有些人是伴随着家庭教育而自然形成的，有些人是在职场上受要求、受培训而习得的。不具备服务精神的人最好不要选择从事服务行业，如一些阶层思想特别强、看不起服务行业、长期养尊处优的人，选择从事服务行业将是对自己的煎熬，也是对工作的不负责任。

二、专业能力

专业能力就是服务人员对自身所处行业的知识和技能的掌握程度。例如，一个茶艺师的专业能力就包括但不限于：茶叶知识、茶器知识、茶学知识、茶艺技能等。专业能力虽然不是一个人能否进入一个行业的门槛，但却是一个人能否在一个行业里长期发展的基础。

同样是服务行业，不同行业对于专业能力的要求有着巨大的差距。在高端服务业中，如律师或医生在专业能力学习上是永无止境的，他们似乎永远都不可能掌握该行业的所有专业能力。相反，在低端服务业中，如餐厅的服务员，他们只要学会迎宾、点单、上菜、打扫卫生等具体工作及服务流程，就算是具备了这一行业的专业能力。

三、沟通能力

沟通能力是指向客户传递信息和管理客户反馈的能力。沟通能力决定了沟通效果，在现实的服务过程中产生的大部分问题，都不仅仅是服务问题或技术问题，而主要是沟通的问题。

例如，客户在一家小店消费之后要开发票，但是店里刚好打不出来发票，这时候客户可能会以不能开发票为由投诉这家店。缺乏沟通能力的店员可能会因此与客户争吵起来，但是有沟通能力的店员会提出很多种解决的办法，如给客户打个折，或者加个微信缓几天再开票。

沟通能力更多时候是体现在沟通的方式上，而不是体现在沟通的内容上。我们要注意沟通时的语音语调、肢体动作、面部表情、语气措辞等，不要由于沟通方式的不当，影响了本身没有问题的沟通内容。

第二节　服务文化

服务文化来源于企业文化，是企业文化的一部分。能够建立一套表述明确且运营有效的服务文化的企业并不多,原因是大多数企业在创业的过程中很少去深层次思考这个问题,并且也没有自身的相关人才或借助外界的相关人才去挖掘自己的企业文化。在此提醒经营者,要及早有意识地思考自己的企业文化,特别是打造以会员服务为中心的企业文化。

一、服务的口号

口号是企业的服务标准,它的作用是对外清晰地传递企业的价值主张,对内明确地指导企业开展工作。所以,企业应该有一句代表自身服务精神和服务特点的口号。口号最好是简短的、清晰的、口语化的,使大部分人理解起来都没有任何疑义和异议。

一句好的口号对品牌传播能起到画龙点睛的作用。海尔的口号"真诚到永远"简单又好记,它们投入巨资打造的超过同行业水平的售后服务就十分符合这句口号。这句口号不但使海尔品牌的理念深入人心,并且使海尔的产品在国内、国际市场持续畅销了几十年。

那么,服务口号怎么起呢?我们来看一家会员制高档餐厅的案例。

这是一家北京的高档餐厅,它的经营者认为好的产品是经营餐厅的根本,适度的服务而非过度的服务是他想要的感觉。这家餐厅提出了自己的服务原则,也是它的服务口号——营造美好的感受。

这家餐厅认为,"美好的感受"应该是恰如其分的,给人的感受是尺度刚刚好,不会让人察觉到一丝怠慢而心中暗生不悦,也不会由于过分殷勤让人感觉有所企图而产生防备。"美好的感受"应该是可以预期、但又不是特别期待的。客户的满意度刚刚好,使他愿意下次还来就好,而不是让他怀有期待而来,这样会让客户因为没有得到惊喜而失望,以致不再惠顾。

世界之大,不同地区的人们对于"美好的感受"是不一样的,人们对于不同行业服务态度的期待也是不一样的。日本餐馆式的服务态度放在中国的大多数地区来使用,都可能会让人感觉有点礼貌过度,会让人觉得不自在而不想进去。美容美发店热情奔放的服务态度如果放到高级会所,那么客户可能就不会再来第二次。"美好的感受"是主客双方的共同感受,不是服务提供者的单方面付出。这家高档餐厅不认同服务人员自以为是的付出感,也不要求服务人员为了满足客户的"美好感受"而去做令自己感到委屈或尴尬的事。

正所谓"台上三分钟,台下十年功",为了让客户产生"美好的感受",这家餐厅提前做的大量工作可能是客户看不到、意识不到的。但是,专业的服务人员应该懂得理解、洞察和掌握。例如,在客户到店之前把房间打扫得一尘不染;把灯光、温度和湿度都调到令客户感觉舒适的区间,餐厅可能还精心布置了座席,给角落里悄悄绽放的鲜花喷洒了水雾。

在餐厅服务人员做了大量的铺垫工作之后，可能客户一进包间就开始聊天了，甚至到吃完饭都没看一眼精心准备的鲜花就走了。因此，有些服务人员可能就会觉得，既然客户对我们认真布置的环境没说一句赞美的话，那么我们即使不那么认真准备是不是也没关系？我们还有必要认真地做这些工作吗？如果服务人员这么想，那就错了。客户虽然嘴巴不说，但并不代表其眼睛没有看到、内心没感受到。所以，不管客户是否注意得到，我们自己内心这一关都是要守住的。

如何知道自己能不能守住内心这一关？又如何知道别人能不能守住内心这一关？这就需要有一个判断的原则，于是餐厅的服务口号就成了这条原则。借助"营造美好的感受"这条原则，服务人员可以很清晰地判断出来，自己和别人在工作的时候有没有按照这条原则来做？哪里做到位了？哪里没有做到位？

二、服务的文化

制度管身，机制管心，文化管魂。严格地说，服务的文化是一套理念体系，它的完整构成就是人们常说的企业文化三要素——使命、愿景、价值观。服务的文化根植于企业文化，我们没有必要脱离企业文化去重新造出一套服务的文化。作为以会员制经营为战略方针的企业，要保证自己的企业文化是有利于做好会员服务的。

那么，使命、愿景、价值观是怎么被打造的？它们和我们的服务文化又是如何关联的？

1. 使命

企业的使命是指企业在社会经济发展中所期望担当的角色和责任，不仅是企业对自己性质的定位，也是企业存在的理由，还是企业确立目标与制定战略的依据。可以说，使命就是我们希望自己可以主动去肩负的一份责任，是调动我们主观能动性的源泉。使命让我们的工作变得更加有意义、有价值。使命是企业文化的发端，有了使命才会有愿景和价值观，所以使命必不可少。

使命是企业家（经营者）发自内心的呼唤，它既可以很崇高，也可以很平实，但关键在于必须是真情实感的表达。例如，马云和他的十八罗汉在创立阿里巴巴初期，就提出了"让天下没有难做的生意"，这个使命就是很真诚的，它真实地反映了马云和他团队的初心。所以，早期阿里巴巴的所有做法，都是为了帮助中小企业和消费者进行更好的连接，包括技术研发、搭建平台、组织会议、整合流量、培训商家、提供广告等，都很明确地围绕着这个使命，围绕着服务这个特定的"会员群体"。也正因为阿里巴巴提出的这个使命是真情实感的表达，所以它得到了社会各界的广泛响应。

使命不在高低、不分大小，贵在真实并发自内心。例如，同样是开一家普通的小店，有人可能会以"振兴产业"为使命，有人可能会以"提升社区生活品质"为使命。这两个使命其实并没有高下之分。如果喊着前一个使命的企业经营者整天睡懒觉、想着怎么占客户便宜、克扣员工工资，那么这个使命就没有任何意义；如果提出后一个使命的企业经营者每天都在切切实实地琢磨怎么提高服务水准，怎么提高附近社区客户的满意度和复购率，越做越好，越做越起劲，那么"提升社区生活品质"就变成了企业的真正使命。

企业的使命，可以很宏大，和国家社会的经济命运相关联；也可以很微小，只关乎个人和家庭的温饱。但是它必须要能够打动你、激励你、驱使你全力以赴地去工作。肯定有人会问，我们没有使命行不行？答案是当然行，只是这样你可能做不成一家有影响力的企业。道理很简单，一家企业如果不知道自己为什么存在，不知道自己能解决社会经济中的什么问题，那么它自然是无足轻重的。也有很多企业家（经营者）不是没有使命，而是想做的事情很多，虽然自己的工作对社会很有价值，但是还没有意识到把工作的意义归结到一个具体的使命上来，也没有意识到使命对于企业的长远发展很有必要。

2. 愿景

愿景是在使命的驱动下，组织成员共同认可的一个长期的方向和目标，它既是企业发展的任务，也是一个里程碑。愿景和梦想相似，它们都描述了企业期望自己在未来的特定阶段能够达到的一种状态，有些企业把愿景等同于梦想，也有些企业会把愿景和梦想分开来表述。

愿景是清晰和具体的，所以在愿景之下，企业就可以拆分出战略阶段目标，按步骤去推进工作。愿景要高远、宏伟，是企业需要奋斗很多年才能达到的状态，近几年就能很快实现的，那不是愿景，而是目标。要知道，愿景往往不是一成不变的，也不是用来实现的，而是用来指引企业朝着特定的方向前进的。当企业在接近自己提出的愿景的时候，马上就会提出更宏伟的新愿景。

华为在2024年初更新了它的愿景与使命："把数字世界带入每个人、每个家庭、每个组织，构建万物互联的智能世界。"这个愿景就很清晰，表示了华为将自己的业务范围定义在"数字世界""万物互联""智能世界"这些关键词上，并且它有宏伟的目标——要覆盖每个人、每个家庭、每个组织。

如何去制定自己企业的愿景呢？我们不要在时间上、数量上给自己制定虚无缥缈的宏大愿景，但可以认真地去思考自己要达成什么样的10年目标、20年目标，包括各种定性的目标、定量的目标，以及从内部管理角度或客观角度来制定的目标等。例如，以下这几条目标：

"成为××市最受欢迎的小茶馆。"

"到 2036 年时,服务 100 000 位客户,拥有 10 000 位会员。"

"建成具有区域影响力的产业集团。"

"让每个员工都生活得有尊严。"

…………

3. 价值观

在企业的文化体系里,最具有现实指导作用的就是价值观,因为这是在实践中指导全员价值评判的基本标准,即使作为一线的工作人员也很容易理解。

使命是初心,让大家明白为什么而奋斗;愿景是理想,让大家明白经过共同奋斗未来会怎么样;**价值观是标准,决定了在奋斗的过程中,我们怎么选择伙伴,怎么判断自己做得对不对**。价值观是组织内部共同的是非观念,是组织日常经营与管理行为的内在依据。使命和愿景一头一尾,价值观则贯穿其中。

有了价值观,我们就知道了企业的哪些行为是对的,哪些行为是错的,企业就有了判断是非的标准,所以价值观是企业行为规范的制定基础。例如,股东利益、员工利益、客户利益哪一个更重要?当三者之间发生冲突的时候,优先考虑谁的利益?面对这类问题,不同的企业会有不同的答案,而决定企业会给出什么答案的,就是价值观了。

客户成为我们的会员，可能是因为权益，但是会员能否长期在我们的体系里留存和活跃，从根本上取决于双方的价值观。我们在商业史上看到过不少这样的案例，一些原本很成功的企业，因为经营者被曝光了一些与其所宣称的价值观不相符的行为，所以客户就纷纷选择了不再购买其产品。我们再来看几家成功企业的价值观，从中体会它们是否言行一致。

华为价值观——以客户为中心，以奋斗者为本，长期艰苦奋斗，坚持自我批判。

阿里巴巴价值观——客户第一，员工第二，股东第三。

海底捞火锅价值观——一个中心：双手改变命运；两个基本点：以顾客为中心，以"勤奋者"为本。

企业价值观的本质是创始人自身价值观的延伸。优秀的企业创始人身上具有能够把事业做大、做好的品质，它们在企业发展的过程中，经过与市场不断碰撞，慢慢地成为企业内部所共同认可和追求的品质，当这种品质被一定数量的人清晰地认识到并表达出来，成为几句话或几个词，之后又得到更多人的认同和追求的时候，在这个企业内部就形成了价值观。

三、服务文化的打造

如何为企业打造文化体系？我总结了以下 4 个要点。

1. 牢记初心，不忘使命

企业的文化归根结底来源于创始人，这并不是无中生有的，而是需要从创始人的性格和初心当中去寻找。

例如，对于服务行业，创始人不必拥有多大的雄心，但是一定要有利他心、平等心、服务心和甘于坚持做小事的耐心。这是服务行业的服务属性决定的，是不可违逆的客观规律，创始人一定要想清楚自己有没有这样的初心，如果没有，也不要自己骗自己，否则会让自己活得很难受。即使没有利他心、平等心、服务心和耐心，不适合做一个服务性企业的创始人，也会有很多其他更好的事业去选择。

已经成功的创始人，要不断地提醒自己，曾经面临挫折或抉择的时候，初心和使命是如何支撑自己坚持下去的。同时，把这些经历说给现在与自己共同奋斗的同事们听，希望大家以此共勉。

2. 与时俱进，及时调整

市场环境会上下波动，企业也会发展壮大或遇到困境，一切都是在不断变化的。同时，企业内部成员对自身文化理念的认知也会发生变化，所以企业的文化理念体系是可以修改的。当企业内部成员意识到企业的文化理念体系已经不适用于企业长远发展的时候，就要调整文化体系。

例如，阿里巴巴自 1999 年成立至今，已先后迭代了多个版本的企业文化理念体系，每隔一段时间，如果发现现有的文化体系已经不适应企业和社会的关系，那么它的团队就会重新发起对企业文化的讨论。既然阿里巴巴的理念体系都可以不断迭代，那么我们的理念体系也应该保持与时俱进。

3. 必须真实，不要作假

既然企业文化来源于创始人，那么它就注定了不能自己骗自己。

举个例子，一个立志于创立高端奢侈品品牌的人，他的性格不会是平易近人的，他只有对人非常挑剔，才会对产品也非常挑剔。那种"以人为本""员工第一"的价值观，对他来说只能是空洞的口号，使他言行不一。企业的文化体系必然要和自身的业务逻辑相匹配，必然要和创始人的性格和作风相一致。不真实的企业文化体系失去了本身的意义，不但不可能落地执行，更不利于企业的长期发展。

4. 长期坚持，不懈塑造

一旦企业的文化理念体系被提炼出来了，领导者就要在各种场合不断地重复表述和实践，以身示范，将其内化进企业内部成员的骨子里。

我们要对树立企业文化的长期性和曲折性有充分的认识。企业文化不是说有就有的，就算创始人有建立企业文化的意识，但是企业的其他成员通常都不会有这种想法。打造企业文化，是比推进业务更难的事，是创始人必须亲力亲为的事。

创始人要做的是，一方面不断挑选和自身文化理念相匹配的人加入团队，另一方面不断向企业内部成员倡导自己的文化理念。以文化理念作为衡量企业行为规范的标准，并且做好坚持5年、10年才会有一点效果的准备。

第三节　服务流程

做好服务，不是要我们使客户享受到极致的服务体验，而是要保证服务质量的稳定。服务质量的管理可以说是服务流程的管理，所以企业要搭建程序化、标准化的服务流程。**良好的经营胜在稳定性和持续性，追求的是稳定、持续的现金流**，只有依靠标准化和程序化的服务流程才能使经营常态化和有序化，这样做可以确保以下两方面。

（1）客户的体验可以稳定在一条基准线之上，不会有明显波动。

（2）员工经过培训都能达到一定水准，不会太难以学习和掌握。

一、标准化操作流程

在企业的管理当中，流程无处不在，有销售流程、服务流程、计划流程、生产流程、人事流程、财务流程等，大流程里面包括小流程，小流程通过有机结合构成大流程。实际上，企业经营者的大部分工作就是在做业务流程管理。流程化并不复杂，能易于管理者和员工理解和执行的流程就是好的流程。例如，普通销售岗位的员工一天的工作、生活流程（见表5-1）。

表 5-1　普通销售岗位的员工一天的工作、生活流程

时间	事项
7:00	起床、洗漱、吃早餐
7:30	上班路上调整情绪状态，检查今天的目标
8:00	公司晨会、布置任务、团队碰面
9:00—12:00	处理文档、电话销售、电话邀约、出门拜访客户
12:00—14:00	午休、午餐或约客户午餐
14:00—18:00	出门拜访客户、陌生拜访
18:00—19:30	返回公司、晚餐或约客户晚餐
19:30—21:00	部门会议、团队复盘、做销售记录
21:00	写总结日报、和客户微信互动
23:00	休息

表 5-1 中这个流程是一个粗糙的、流水账式的流程，它只是简单地描述了过程，并不足以用来指导工作，所以还要把其中所涉及的具体工作模块做进一步细化，从而形成一定的标准，也就是标准

化操作流程，也叫 SOP（Standard Operating Procedure）。例如，茶空间清理房间的 SOP（见表 5-2）。

表 5-2 茶空间清理房间的 SOP

步骤	名称	操作	标准
1	清理桌面	首先把茶具、餐盘等装入托盘，送至操作间等待清洗；然后用干抹布或纸巾将桌面垃圾（如瓜子壳）扫入垃圾桶，将部分无法扫入垃圾桶的垃圾直接擦到地面上；最后将桌面缝隙中的杂物吹出并清理干净	桌面无灰尘、无污渍，桌面缝隙中无瓜子壳、茶叶等杂物
2	桌面及座椅消毒	首先用消过毒的湿毛巾将桌面擦拭一遍；然后将桌椅把手、桌椅表面等可见区域全部用消毒湿毛巾再擦拭一遍	桌椅表面无灰尘、无污渍；座椅扶手无汗渍
3	扫地	用扫把把地面清理一遍	地面没有垃圾
4	拖地	用在消毒液中浸泡过的拖把将地面擦拭一遍	地面干净无积水
5	茶席回位	将茶席重新布好，桌椅摆放回位	桌面茶席整齐、器物齐全、茶器无污渍

通过上述两个流程表格的对比，我们应该有了非常直观的理解，企业运营管理的常规工作就是不断地建立 SOP 和执行 SOP。

通常来说，建立 SOP 的方法是借鉴成熟企业已有的 SOP。企业在执行的过程中，要根据自身的实际运营规律和应用场景，不断地优化 SOP。SOP 是要动态进化的，运营管理并不是追求完美的 SOP，而是追求不断提高效率和节约成本的 SOP。SOP 作为标准，包含以下两层基本含义。

（1）标准本身，即标准的状态。

（2）标准流程，即为达到标准而执行的标准化动作。

也就是说，制定 SOP 需要包括这两方面的内容：一是描述清楚该项工作要达到什么样的"标准"状态；二是描述清楚要通过一系列什么样的"标准"动作来达到这种"标准"状态。

二、服务流程制定

企业制定自己的服务流程时，通常要经过以下 5 个步骤。

（1）梳理业务链条。

（2）分割业务模块。

（3）拆解流程动作。

（4）制定流程标准。

（5）建立考核机制。

1. 梳理业务链条

首先业务是有链条的。同一个企业可能有很多项业务，业务和业务之间可能会有一些重合，我们要像整理乱麻一样，把业务一项一项地拎出来并梳理清楚。

例如，同样是到一家茶馆来消费，有些客户是来喝茶的，而有些客户是来买茶的。虽然喝茶的客户可能会买茶，买茶的客户也可能会喝茶，但是喝茶和买茶是可以分别独立设置的业务链条。我们在服务喝茶的客户和买茶的客户时，相应的业务流程应该是不一样的。

服务喝茶客户的流程：

进店（迎宾）—入座—点单—上茶—结账—离店（送客）

服务买茶客户的流程：

进店（迎宾）—询问需求—介绍产品—打包产品—结账—离店（送客）

2. 分割业务模块

既然业务链条梳理出来了，那么链条中的各个节点，也就是业务模块也就相应地显示出来了。分割业务模块就是把相对独立的业务剥离并拆分出来，使它们能够模块化。在同一个业务链条里面，有些模块是比较重要的，有些模块是可以忽略的，还有些模块是可以整合在一起构成一个模块的，所以要把相对重要的模块分割出来，以便我们对它单独做更深入的分析。

例如，在买茶客户进店的业务链条中，"提需求""选产品"这两个模块就非常重要，它要求服务人员使用各种挖掘客户需求的方法和工具，不但要对产品体系非常熟悉，还要掌握话术和方法，将客户的需求引导到相应的产品上去。

模块的分割方式不是唯一的，同一个链条中的各个环节，既可以多分割出几个模块，也可以少分割出几个模块。同一个业务链条需要分割出多少个模块，主要取决于我们对业务的认识程序，以及对业务细节的需求程度，越是人员庞杂、分工细致的企业，其业务分工就越细，也就越能分割出较多的模块。

3. 拆解流程动作

到了拆解流程动作这一步，工作就很细致和具体了。拆解流程动作是把每一个业务模块里可能需要的或可能发生的动作一一列举出来，以效率为导向，进行排序。同样是一个业务模块之内的动作，由不同的员工来做，效果是不一样的，有些员工会有多余的动作，有些员工又会疏漏一些动作。因此，我们要观察足够数量的员工在同一流程中做的动作，然后去对比究竟哪些动作是必需的，哪些动作是需要重新排序或分配时间的。多对比几次，直至拆解出效率较高的动作组合。

例如，收拾客户走之后的房间是一个业务模块，同样是把房间收拾好，究竟是先擦桌子，还是先扫地？究竟是把桌上的杂物擦到地面上再扫地，还是擦到垃圾桶里再扫地？你看，如果不在实践中去多次试验，多次比对不同服务员的打扫顺序、花费时长及打扫效果，只靠领导来直接制定打扫的动作顺序，那么这样的 SOP 有意义吗？显然是没有意义的。标准的动作一定是根据实践不断优化并总结出来的。

4. 制定流程标准

动作流程拆解完成之后，我们就要给每个动作及每个动作所带来的效果去制定标准，也就是要描述出每个动作及每个动作所带来的效果的理想状态。还用上一个例子来说，收拾桌面的动作标准是：拿着半干的抹布，沿着桌面从左到右擦，再从上到下再擦，重复 3 次把整个桌面擦干净。收拾完桌面之后，要求桌面达到的清洁标准是：桌面没有灰尘，桌面的缝隙里没有杂物。

我们千万不要为了所谓的"专业"，去制定一些虽然看起来高大上但是执行人员不好理解的标准，任何行业标准都要与一线执行人员的理解能力、执行能力相匹配。流程标准要用规范的语言来表述，并且一定是可以量化的、表达清晰的、易于操作和检查的。举个大家都熟悉的例子——"三大纪律，八项注意"。

"三大纪律"是一切行动听指挥、不拿群众一针一线、一切缴获要归公。

"八项注意"是说话和气、买卖公平、借东西要还、损坏东西要赔、不打人骂人、不损坏庄稼、不调戏妇女、不虐待俘虏。

"三大纪律，八项注意"就是一个特别好的标准，不论军人还是老百姓都能一看就懂。应该怎么做，做得好不好，人人都能看得到。它作为一个标准，为人民解放军整顿军纪起到了重大的作用。

经过上述 4 个步骤，一线操作人员标准化、程序化的工作流程就算是完成一遍了。我们为了保证这种标准能够稳定在一定基线之上，就要进行经常性的考核机制。

5. 建立考核机制

从考核的主体来划分，一般可分为自评、互评、领导评、客户评、专家评。

（1）自评，就是自己给自己打分或评价，一般考查权重在 20%～30%之间。

（2）互评，就是同级别或同岗位的同事之间互相打分或评价，一般考查权重也在 20%～30%之间。

（3）领导评，一般是直属领导来打分或评价，这一项通常也是权重最大的，一般在 50%以上。

（4）客户评，一般是用匿名问卷来评价满意度，大众点评 App

就是客户评价最常见的形式之一，在现实经营中起到了很大的作用。不同企业看待客户评价的视角可能会有很大的差异，如服务型企业会很看重客户评价，但是技术型企业可能会弱化客户评价，因为客户未必具备客观评价技术型企业员工工作的能力。

（5）专家评，这种评价方法在日常管理中不太常见，往往是在年终的时候，以及企业参与某些奖励或资质评比的时候才会遇上。经营者会邀请一些外部的行业专家来给员工或企业打分和评价。

从考核的时间段来划分，可分为周评、月评、季度评、年终评。从考核的形式来划分，可分为问卷式、访谈式、集中式、分散式。综上所述，适用的考核机制就是从这些方法中选出适合自身企业的考核机制。

第四节　服务工具

工具的作用是让方法落地，就是"道法术器"中"器"的部分。大部分工作脱离了工具就无法运转，如果有好的工具，工作效率就会有很大提升。工具的范畴包括软件、人员、模型、表格等。经营者要特别关注新工具的出现和应用，积极研发有助于自身业务的工具，并确保员工对工具使用到位。

一、数字化软件

数字化软件包括业务全流程的管理软件（SaaS 系统）和客户关系管理软件（CRM 系统），也有很多行业在 SaaS 系统里集成了 CRM 系统。数字化工具是首要的，是最基础的，经营者一定要熟练运用自己所在行业的 SaaS 系统，否则就可以说在本行业里还没有入门。

客户关系管理软件的主要功能有两点：第一，方便记录客户的信息和管理自己的销售行为；第二，通过工具和客户联系沟通（包括收银）。这两个功能都没有很高的专业化要求，而且容易操作，我建议把它们和常用的社交软件结合使用，最好是大众化的工具，如腾讯的企业微信、阿里巴巴的钉钉等。

二、客服人员

客服最早是为了向客户提供售后服务而出现的岗位，对会员来说，最高级别的服务方式是一对一的专属客服服务。客服部门、客服人员目前在很多服务行业中已经不可或缺，特别是售后服务属性占比很大的如健康管理行业、科技服务行业等，其甚至比售前的销售和市场工作还要重要。

客服工作是提升会员体验最有效的抓手，也是保证会员复购率、推荐率、忠诚度最关键的因素。例如，餐饮服务业或休闲娱乐业在会员预订或消费之后，可以提供一位指定的店员，作为专属客服去添加会员的微信，以便会员日后再次预订、开发票和消费其他产品等，那么这位会员的消费频次就会比没有专属客服的会员要高得多。此外，店员还可以通过自己的微信号与会员联系，通过朋友圈来展示自己的工作信息，或推广公司的更多产品。

所以微信（包括个人微信和企业微信）目前是商家必不可少的会员服务工具，它有两个明显的优点：一是微信提供了多次触达客户的渠道，能够很自然地与客户进行互动，从而吸引客户的注意力，以达到成交的目的；二是微信好操作、好管理，无论是客户还是商家，几乎都没有学习的时间成本。

三、会员社群

和客服相对应的就是社群，客服是一对一的，社群是一对多的。客服在服务一个会员的同时，也服务了其他会员，而且社群更方便将会员们聚在一起，有利于会员们互动、互助。社群分为线上的社群（如微信群、抖音群）和线下的社群（如读书会、爱好者协会），通常线下社群的认同度和活跃度都要更高。

用于服务会员的社群通常可以分为两类，一类是产品信息社群，一类是活动交流社群。前一类社群主要用于产品信息分享（如新品上市、团购促销等），以便会员能够及时了解产品和服务的动态，享受到价格福利；后一类社群主要用于会员社交，方便有共同爱好的会员们聚在一起，讨论的话题也更加广泛，并不限制在产品范围内。

一般来说，第二类社群的吸引力和用户黏性要更好一些，社群工作的难点是确保持续的内容输出和频繁的用户互动，而社群内容的产出和与社群用户的互动，是需要有专人来负责的。我建议安排客服人员来负责，让客服积极地在社群中挖掘忠诚度高、参与度高的会员，并设计一些奖励机制，以引导他们形成会员自组织。

四、模型和表格

适用于支持会员服务的模型和表格工具有很多，经营者既要善于发现和学习已有的工具，也要善于研发和设计适合自己的工具，在此我列举两个表格工具的设计过程。

1. 考核客户满意度

反映客户（会员）满意度最常见的模型是净推荐值（NPS，Net Promoter Score），在本书的上一章我已经对 NPS 做了比较详细的介绍。除使用在社会上被广泛应用的模型之外，经营者自行设计一套表格工具也并不难。

客户满意度一般反映在 3 个方面：第一，客户对店员提供服务的满意程度；第二，客户对店内产品体验的满意程度；第三，客户对门店整体感受的满意程度。

满意程度又可以细分为 5 个档次：非常满意、很满意、满意、不满意、非常不满意。

将上述 3 个方面的满意度转化为客户能更好理解的若干个问题，再赋予分值就可以做成表格。例如，我为餐饮服务业做的一个客户满意度调查表（见表 5-3）。

表 5-3 客户满意度调查表

问题	非常满意	很满意	满意	不满意	非常不满意
您对店员提供的服务是否满意？					
您对店内产品的品质是否满意？					
您对门店的整体感受是否满意？					

2. 考核员工价值观

本章在讲到"服务文化的打造"时曾明确地指出，在企业文化体系里，最具有现实指导作用的是价值观，因为它是日常工作中指导全员价值评判的基本标准。

企业要有一套能够被内部人员高度认同的价值观。因此，作为经营者，要去思考自己最看重的、最希望员工所具有的、企业最赖以生存和发展的品质是什么？这些品质都可以用名词或形容词来概括。通常来说，总结出4~6点就足够了。建议这4~6点相互之间不能重合，并且容易被公众理解。

例如，华饮小茶馆的经营团队经过长期的实践和讨论，一致同意由以下4点来构成他们的核心价值观：勤劳、主动、协作、担当。

这里面的每一个点，都可以有具体的行为表现来加以佐证。例如，判断一个人是不是符合"勤劳"这项特质，我们可以看他在值班的时候，是不是能把卫生做得很好，并且经过长期观察，他一直都能做到这一点，那么我们就认为他的确是符合"勤劳"特征的。在"勤劳"这项价值观的考核上，他就是优秀的。相反的话，当然就是不勤劳的。

上述的4点，每一点都是可以列举出具体行为的，这样我们就可以制定出一个评分表，并且这个评分表是可以持续去调整的。员工价值观考核表（见表5-4）。

表5-4　员工价值观考核表

价值观	具体行为表现	非常符合 2分	符合 1分	不符合 0分
勤劳	能按质按量地完成日常工作			
	喜欢学习并不断地在专业技能上追求进步			
主动	关注客户的需求，能主动询问客户所需			
	眼里有活，能发现身边的问题并主动解决			

续表

价值观	具体行为表现	非常符合 2分	符合 1分	不符合 0分
协作	有团队意识,通过分工协作来提高效率			
	不争当主角,在队友需要帮助时积极配合			
担当	遇到难以处理的事,不躲避不推脱			
	当各方利益有冲突时,能从大局考虑			

本章小结

(1)能否做好会员服务,使会员产生持续的价值,在很大程度上影响着企业会员体系的实施效果。是否具备服务能力是建构会员服务体系的前提,服务能力主要包括3个部分:服务精神、专业能力、沟通能力。

(2)要在整个企业的内部打造出属于自己的服务文化,首先,要有一个能够打动和团结所有人的口号;其次,要把自身的文化体系——使命、愿景、价值观逐一梳理出来。这一过程并不是凭空而来的,而是从整个企业创始团队的思想、性格、所作所为提炼而来的,是基于事实的结果。

(3)制定出企业自己的各项标准化服务流程,要经过5个步骤：梳理业务链条、分割业务模块、拆解流程动作、制定流程标准、建立考核机制。标准的含义包括：标准本身，即标准的状态；标准流程，即为达到标准而执行的标准化动作。

（4）支持服务体系需要有工具，包括数字化软件、客服人员、会员社群及模型和表格类工具。

第六章
会员营销高手实战技巧

在钻研会员经济的多年时间里，我接触了很多精通经营、管理、营销的高手。这些经验丰富的经营者，在商业实践中不断遇到问题并解决问题，他们都有一套自己的独门绝活，其中大部分的经验和技巧，已被归纳到本书的理论框架之中。还有一些相对独立的、碎片化的实战技巧，它们之间的逻辑关系并没有那么紧密，也不能用一个简单的逻辑框架来表达，但是这些技巧中的每一条又都极具实战价值。在此，我认为很有必要把这些实战技巧分享给大家。

这一章在全书的结构中有一定的特殊性，本章把一些偏向宏观的心法（指导原则）和一些偏向微观的技法（应用技巧）汇总在一起，以确保全书逻辑严密、结构完整。

第一节 牢记于心的实战心法

一、会员制矩阵

矩阵是一个由多模块组合在一起的有机整体,像是一套积木或是一张拼图,会员制矩阵意味着会员体系可能同时存在多个会员制。

企业的业务和产品是先从零到一、再从一到多逐步丰富起来的,这必然经历一个从少到多、又从多到少的反复过程,然后才慢慢形成一个相对稳定的业务和产品矩阵。企业的业务是逐步成熟起来的,一般要由几种不同的会员制来共同形成一个会员制矩阵并相互支撑。因为客户群体通常是多样性的,高客单价的客户很难用低客单价的会员制去满足,而且低客单价的客户也有可能在未来转化为高客单价的客户,所以无论高客单价还是低客单价的客户都应该有相应的会员制来承接。

经营者对于会员制矩阵和产品矩阵发展的认识会逐步加深,这个过程是必然的,只是有些人会更早一些。如果一些幸运的经营者能在早期就认识到这一过程,从刚开始学习经营管理时就养成客户分析的习惯并做好客户分层,那么业务就不容易出现大的纰漏。

建立产品矩阵、业务矩阵、会员制矩阵,我们要做到以下两点:第一,要提前布局自己的矩阵;第二,对非关联业务要有原则地舍弃。下面来进行详细的分析。

1. 要提前布局自己的矩阵

提前布局自己的矩阵，首先要依据客户的需求，去预判客户需求层次的变化和自身业务的变化，然后再做一些相应的准备。严格来说，提前布局可以是规划，但不是设计，更不是编造，绝不能凭空得出。提前布局一定是基于现实因素的，是基于对会员需求的洞察，而不是眉毛胡子一把抓的追求全面性、完整性。

例如，有些会员卡明明会员权益很大，条件也很合理，但就是有一些客户不愿意付费，这可能说明此类会员卡不适合这些客户，企业需要为这些客户调整出一类新的会员卡。例如，一家茶饮店推出了一种储值2000元送1000元的会员卡，赠送的力度挺大，有一些客户很快就储值了，但还有很大比例的客户无动于衷。这很可能是因为一杯茶只卖十几元，一个客户要消费一两百次才能用完自己的储值，有些客户可能在一段时间内只来一次或几次，所以优惠力度再大也不可能适合这些客户。如果商家认为这些零星的客户也很重要，也有可能成为长期多次消费的会员，那么是否应该为他们推出一种新的会员卡？

2. 对非关联业务要有原则地舍弃

任何企业的会员体系都不是完美的，成熟的企业只不过是有一个相对稳定的会员体系。在企业的发展初期，调整会员体系一定是常态，所以我们对会员体系、会员制的动态调整要积极接受，对不利于主营业务长期发展的非关联业务要有原则地舍弃。

一个矩阵实际上就是一个金字塔结构，或者也可以倒过来看，是一个漏斗结构。一种相对理想的结构应该能覆盖尽可能多的客户群体，会员制的底层要把入会的门槛放低一点，让更多的客户进来，然后再通过不同类型的会员制，或者同一类型会员制的不同层级，一层一层地引导会员去升级。

矩阵中的每个模块都是紧密关联的，关联度不大的模块不应该放进矩阵中，它会破坏矩阵内部各模块之间的协同性。例如，一家奢侈品商店有一段时间生意不好，如果老板为了让更多客人进店，开始销售一些特价9.9元的小商品，那么原本可能购买奢侈品的高消费群体还会进店吗？

二、提升客单价

提升客单价不是把产品的价格提高，而是在产品价格有竞争优势的前提下，提升客户单次消费的总金额。就是在让渡单个产品（服务）毛利的前提下，获得多个产品（服务）的综合利润。简单来说，把东西卖贵不是本事，把东西卖便宜了，同时又把利润提升了才是本事。

提升客单价是服务或零售行业的一种心法，意思是所有从事一线服务或销售的人员都应该有一种要提升客单价的意识，其一般是通过各种合理的方法或理由来引导客户多消费，如连带销售、满减优惠、打折促销等。会员制本身就是一种把产品打包起来提升客单价的方法。

当然，客户之所以愿意多消费，一定是因为他能获得更多的好处。提升客单价可以使买卖双方都实现利益的更大化。它背后的逻辑是以退为进，商家在单个产品的价格上向客户做了退让，但是要求客户在购买的产品数量上得增加一些。如果客户愿意多买些，那么双方才能共赢，这不是单方面退让所能实现的结果。

作为销售人员，每次当客户报完预算或准备购买产品的时候，都应该再问问自己，能不能让客户再多买一些，这就是提升客单价。这种思维方式，建议商家要持续不断地培训给员工，使销售团队中人人都形成提升客单价的本能。

三、优先卖会员

优先卖会员，再通过服务来把产品卖出去。可以总结为：优先卖会员，其次卖产品；通过卖会员，引导卖产品。

以上是服务或零售行业的另一种心法。进入新零售时代之后，越来越多的流量集中到互联网平台上，大部分实体零售行业面临着流量枯竭的困境，零售业绩呈现断崖式下跌。对线下的实体零售商来说，彻底转型成线上销售几乎没有可行性，因为就算在线上把流量做起来，把产品价格打下去，商家仍然要负担线下的房租和服务人员的工资等成本。线下实体零售商的真正出路是，在控制好成本的前提下，提升服务在客户心目中的重要性，通过销售服务将服务和产品打包在一起，以吸引长期客户。

不仅是线下商家需要把服务和产品共同设计成会员产品包，线上的商家也很有必要这样做，因为线上对流量的竞争更加白热化。线上的流量要依托平台的流量分发，如果没有好的内容或没有购买广告，那么平台根本不可能把流量分发给你。归根结底，无论线下还是线上的商家都要通过会员制来提高自己的私域流量并持续变现。

第二节　销售会员卡的 7 个要点

储值式会员制和订阅式会员制都可以高效回收资金，用哪种方式可以卖出更多的会员卡？这是大多数商家关心的问题。以下是我在大量销售实践中总结出来的 7 个要点。

一、储值的黄金比例

我们经常会在一些餐厅看到这样的会员销售海报——储值××元当单免单。储值太多难以执行，储值太少没有利润，那么究竟储值多少元最合适呢？

会员储值之后享受的折扣优惠有两种方式：第一种是储值之后即可享受会员折扣价；第二种是储值之后当单消费免单，以后可享受会员折扣价。显然，第二种方式的优惠力度更大，也更容易成交。如果商家需要快速回笼现金，或者愿意牺牲短期利润来锁定长期客户，那么第二种方式是非常值得推荐的。

储值之后减免一定消费金额的做法，需要产品的毛利率能达到30%以上。大部分实体门店的毛利率，如餐饮行业的平均毛利率基本都能在50%以上，所以餐饮、服务、休闲娱乐等行业基本上都可以这么做，但是对零售行业来说就不太可行。

既然这个方法已经被多个行业所广泛使用，那么剩下的问题就是商家在实际经营中引导客户储值多少元最好。假设 N 为平均客单价的倍数，那么 N 这个数字就相当于商家能提前锁定几次客户未来的消费。根据我的经验，引导会员储值的金额与平均客单价的比例，通常控制在3∶1到5∶1之间会比较有效，3∶1会非常容易做，5∶1会有一些困难。例如，客户消费了100元，商家告诉他储值300元的话本次消费就可以免单了，那么客户会感觉非常划算，实际上就是打了个 7.5 折，但是会让客户感觉比储值 300 元后每次消费可以打 7.5 折要划算得多。这种消费心理非常微妙，我们要学会去运用它。

在实际操作中，3∶1 或 4∶1 都是比较容易成交的，从 5∶1 开始就有些难度了，比值越大就会越难成交。所以，储值金额越多就越考验企业的销售能力，也越需要销售人员在流程、话术、情绪等方面多做一些努力，甚至可以用超级赠品来辅助成交。掌握了这个规律之后，我们在设置储值金额的时候可以参考以下两种做法：

第一种，商家直接告诉客户储值 N 倍当单免单，未来享受会员折扣价；

第二种，设置一个或几个档次，从平均客单价的 3～5 倍起设第一个档次，然后结合自身能给的条件和希望客户储值的金额，再往上递增几个档次。

以华饮小茶馆为例，它的包间消费以五六百居多，所以，刚开始设置储值式会员卡时，储值金额为 2000 元，与消费金额的比例在 4∶1 之内。实操起来发现让客户储值 2000 元很简单，于是商家判断 2000 元的储值门槛太低了，而且操作难度也太低了。所以商家把储值门槛提到了 3000 元，再往上还有 5000 元、10 000 元的，对应客单价在 500 元左右、1000 元左右、2000 元左右等几个档位。

从员工管理的层面来看，销售激励和销售难度是挂钩的。因为销售难度越低越容易成功，销售人员几乎不需要努力，所以企业给销售人员的提成比例就不能定得太高，象征性地鼓励一下就行了。如果企业要给员工激励的话，就要找到一个有一定难度但是又不至于够不着的临界点，设定一个让销售人员必须努力争取才能成交的金额，这样企业就可以把给销售人员的提成比例定得高一些。

二、避免储值赠送金额

避免储值赠送金额这一点可能会有争议，但是在实际经营中却很重要，请读者多加思考比较。

储值赠送金额，如储值 1000 元得 1200 元，这样的储值策略非常常见，商家用这种方法促销也是很奏效的，但是我为什么认为它有争议呢？主要是因为一些历史原因，我在刚刚创业的时候也使用过储值赠送金额的销售策略，但是当时使用的收银系统不支持把会员的储值金额和赠送金额分为两个账户，在买单的时候也不能分别扣除。久而久之，会员的储值金额和我们实际的营业收入产生了很大出入，虚增出来一大笔收入，而虚增的收入就是储值时赠送的金额。这部分账目只能在系统之外用手工记录，还要单独给记账的员工算提成，一旦换人来记账，那么交接工作就会很困难，结果导致越记越乱。所以我们决心要改掉储值赠送金额的模式。

代替赠送金额的方式,主要有两种:一种是减免金额;一种是赠送礼品。这两种做法都优于赠送金额,减免金额可直接参考本节中第一条要点,下面来重点说一说赠送礼品。

用赠送礼品来代替赠送金额,有什么好处呢?

第一,赠品可以直接列入营销成本,很好算账。每一件赠品采购回来多少钱,都是一清二楚的,收银的时候收到的金额就是实际的营业收入,完全不会发生账目混淆的情况。

第二,赠品可以直接摆放在收银台,使客户产生最直观的感受,对促进成交很有帮助。尤其是那些包装特别漂亮,给人感觉档次高、价值高的赠品,客户可能一看到就很想要,有的客户甚至会因为想要某个赠品而主动购买会员卡。

除此之外,找到一个好用的数字化会员营销管理系统也非常重要。退一步来说,如果门店已经习惯了给会员储值赠送金额,并且门店管理系统也能支持,那么也不一定非要调整已有的储值策略。我建议采取赠送一定数量的、固定面值的电子代金券的模式,限定客户在每次消费的时候只能使用其中的一张,还可以设置电子代金券的有效期,这样做对促进客户复购会有非常明显的效果。

三、设置显著的层级落差

为了促进会员多消费,从低级别会员向高级别会员转化,那么高低层级之间的权益落差就要足够明显。

什么是权益落差？如储值 5000 元消费打 8 折，储值 3000 元消费打 9 折，那么 8 折和 9 折之间就是比较明显的权益落差。但是我认为，这种在折扣上面做文章的策略不太好，不建议大家设置不同级别会员的不同折扣。

为什么不建议大家这样做呢？首先，这么做显得不真诚，既然高级别的会员可以拿到更多的折扣，为什么低级别的会员就拿不到呢？它向会员提示了产品其实还有很多的利润空间，并没有给到会员最大的优惠。其次，它不符合大道至简的原理，选择太多、条件太多，反而会影响客户快速做决定。再次，企业会伤害自己的长期利润率，因为企业为了吸引更高级别的会员，过多地牺牲了本可以留存的利润。最后，折扣权益这类制度性安排，一旦被定下来之后，就不能轻易改动，企业没有给自己留下调整的余地，丧失了主动权，亏了也得扛着。

那么怎么去体现权益落差呢？我认为最好用的首先是赠品，其次是特权。

使用赠品来拉开差距，经营者就能把握主动权。商家想给就给，不想给就说送完了，客户也没什么意见。或者说这批赠品送完了，商家觉得效果不好，还可以换下一批赠品。使用赠品很灵活、很方便，都是商家说了算。为了促单，员工的话术也很好调整，赠品可以限时、限量，例如，就这个月送，下个月不送了，或就送 5 个，送完即止。这就很符合促销的重要原理：塑造稀缺性和营造紧迫感。

特权基本上是由商家来自行设定的，考验的是商家无中生有的能力，因为商家所提供的特权大部分是用已有的资源通过价值包装而塑造出来的。例如，在茶馆里，储值会员可以免费在店内存放自己的茶，因为店内原本就有可以存茶的空间，所以并没有增加商家的任何成本。再如，在健身房里购买 10 节一对一私教课的会员可以获赠 10 节大课，因为大课本来就不限制人数，所以多一个或少一个听课的人，商家并不会增加任何额外的成本。

所以说，使用赠品和特权来显示层级落差，首先是给了商家很大的主动权和解释权，其次是方便商家控制成本，确保长期利润。

四、引导购买消耗储值

储值会员卡在完成销售之后，最大的问题就出现了，那就是储值消耗的问题，也就是商家怎么把预收款转变为可入账的营业收入的问题。如果一个会员只是储了值，但是很长时间都不来消耗，说明商家没有把他的需求激发起来，也没有与其形成良性互动的关系。这样一来，他后面的复购和转介绍不但无从谈起，而且还会面临退款的可能。

很多经营者没想明白这个问题，由于怕自己吃亏，就设置出了很多限制。例如，有一些餐厅规定会员的储值只能用于店内吃饭和喝酒的消费，而不能按市面零售价购买店内的酒水等产品。因为商家觉得客户在办卡的时候，已经得到了赠品、获赠了金额或享受了折扣，再让他来提货，自己就吃亏了。如果这样想，商家格局就太小了。

会员储值，本质上是客户把钱暂时存在商家这里，甚至可以说是别人先把钱借给你来用，你有可能是要还的。作为企业家，最重要的工作就是提高这笔钱的周转效率，尽早从里边拿到属于自己的利润。

所以，设计会员体系，尤其是储值式会员体系，它的储值一定要能在商家的所有业务里畅通无阻地使用。例如，前面所说的餐厅的例子，储值可以用来在餐厅吃饭、喝酒，也可以用来在餐厅购买食品、酒水等零售产品，还可以用来在餐厅的线上商城小程序里直接消费，甚至可以用来报名参加餐厅组织的一些酒会、课程、旅游等活动。也就是说，商家能够提供的所有产品和服务，会员都可以直接用储值来消费，这样会员的体验感是不是会更好？会员的活跃度是不是会提高？

所以，如果商家希望引导自己的储值式会员购买产品，首先，要在自己的业务范围里提供一套能用储值卡畅通结算的机制；其次，要有一套能够支持自身想法的数字化工具或系统；最后，要主动地做一些运营活动来刺激会员去消耗储值。

前面两点我已经进行了说明,现在来说一说这最后一点,即企业怎么搞运营活动来刺激会员消耗储值,购买更多的产品呢?最直接的方法就是让员工去创造并抓住一切机会跟会员互动。

例如,鼓励员工去主动添加客户的个人微信,平时多点赞,有机会就聊几句。

再如,创造机会邀约会员到店喝茶聊天。创造机会的方式,也就是邀约客户到店的理由有很多种,我们平时要多用心储备,方便时就可以拿来使用,例如:

"××先生,我们最近要举办一场会员聚会,要不要来认识几个朋友?"

"××先生,店里新到一批高品质的茶叶,周末我不忙,您有没有时间来尝尝鲜?"

"××先生,您是××方面的专家,能否请教您几个这方面的问题?"

"××先生,上次您说想认识××方面的人,我正好有一位朋友是做××的,我介绍你们认识一下。"

上述都是一些常用的例子,请读者自行参考后再想一想有没有更适合自己的方式。

五、灵活设计并使用提货卡

我们在关注大额消费和长期消费的同时,当然也要关注小额消费和短期消费,有很多产品和服务很适合包装成一次性的、固定面值的储值卡或订阅卡,如礼品卡、兑换卡、提货卡等。提货卡可以理解成有时效期限的订阅式会员卡或储值式会员卡,客户在小程序上激活了会员身份之后,就可以自主完成提货,非常适合相对标准化、消费频次高、简单好理解的产品和服务。提货卡特别适用于两个场景:一是商务、政务送礼,二是高频次的生活类消费。

例如,你在一个商业区开了一家零售实体门店,那么你拓展自己销售渠道的方式,肯定包括到周边的公司去陌拜。为了便于这些公司给员工发福利,你可以为他们订制一些面值500元或1000元的提货卡,然后再适当地给一些折扣,引导这些公司的员工到你这里来消费。又如,你开了一家咖啡店,一杯咖啡卖20~30元,现在你做了一种面值为500元的会员卡,会员在办卡后可以喝30杯咖啡,这种规定好产品数量并打包一起卖的会员卡也可以理解为一种提货卡。

像这种小额面值的提货卡,消费者购买起来并不吃力。这种卡既能让客户当作现金来使,又能促进商家发展新的会员,对双方都有好处。有些客户可能还会一次性购买很多张提货卡,为商家带来大量的销售业绩。接下来,我通过以下几个例子来帮助大家打开思路。

（1）桶装纯净水的水卡或水票。例如，桶装水的正常价格是 15~20 元，一张水票对应一桶水，一般家庭都是一次至少买 10 张水票，因为商家规定买 10 张送 1 张。社区送水的员工每送一桶水到家，就拿走一张水票。同理，用会员卡系统生成可以提货的次卡，会员每提一次货，商家就核销一张次卡，会员还可以把次卡转赠给身边的朋友。

（2）月饼和大闸蟹的提货卡，以及由此发展起来的各种礼品的提货卡。这种提货卡通常是一种卡对应一个价格区间，在这个价格区间之内，客户凭自己所持有的提货卡来兑换。这种兑换方式不需要商家精确地计算成本，只要买卖双方都觉得合适就可以成交。现在很流行的盲盒，实际上就类似于这种形式的提货卡。

（3）京东卡、QQ 币等电商代币。客户可以用代币在所属电商的平台上等值兑换任何产品。这种形式就特别适合电商平台或超市门店等拥有超大 SKU 的公司，这种卡实际上几乎等同于现金。

（4）美容院、健身房、体检机构等常用的一次性体验卡。这类卡设计的目的重在引流，往往是价格标得虚高，实际成本偏低。这种体验卡经常被一些公司用来到处免费发放，或者以较低的价格卖给合作企业，用作他们的客户或员工福利。

六、宣传配套品尽量多

成交很看重能量场，场域的氛围特别重要，作为经营者一定不要吝啬在宣传物料上面的投入。在线下的场域中，海报、桌牌、灯箱、传单、彩带、堆头、易拉宝等用于营销的宣传配套物品，只要能用上的就都用上，还有音乐、灯光等环境氛围的营造，也是非常重要的。同样，在线上也是如此，广告页面的设计一定要做出热卖的感觉来。

宣传配套品有两个作用：第一，营造成交的氛围，使客户进入商家的场地之后，不但有一种放松和信任的感觉，还有一种想购物的冲动；第二，把信息充分告知客户，为其最后的买单环节做铺垫。

举个例子，一家线下的实体门店为了促进客户转化成为会员，让员工在每一个接触到客户的环节中，都去提及会员的优惠政策。例如，当客户打电话预订的时候，员工会告诉他会员和非会员的价格差别；当客户到店以后，在点单的菜单上和桌面的桌牌上也都明显地标记出会员和非会员价格的差别；当客户买单的时候，收银台前摆放的易拉宝又清晰地展示出会员和非会员价格的差别。同时，点单和买单的员工也都会多次推荐客户储值成为会员。这家门店在每一个和客户接触的环节中，都有宣传配套品在现场进行助力。

反过来说，如果一家门店目前的生意不太好，而且在他们的业务流程里，不但没有充分地利用宣传物料，也没有设计一些信息明确的销售引导，那么就说明这家门店还没有学会塑造销售和成交的氛围。

七、回款要简单粗暴

企业发展储值式会员或订阅式会员时，不要瞻前顾后，而要大刀阔斧、抓紧时间、简单粗暴地快速收钱。尤其是新开业的门店，在刚开始发展会员时，营销手段一定要激进，向美容美发店、健身房等这些激进营销的派别学习，要事先造势，大搞开业酬宾活动，要在周边几公里范围内做到人尽皆知。在创业成本如此高昂的今天，如果在起始阶段不够激进，那么企业很大概率就会像温水煮青蛙——迟早活不下来。

那么，如何做到回款简单粗暴呢？

第一，推广简单粗暴。怎么能够快速地做到人尽皆知，让更多人到店体验？方法有很多种：敲锣打鼓地游街；派地推人员扫楼、扫街发传单；在大众点评或抖音平台上投广告等。虽然推广是有成本的，而且这笔钱还不会太少，但是在测试阶段就是要舍得投入。

第二，促销简单粗暴。商家能给多大的折扣力度就给多大的折扣力度，至少让人看起来是给足了，再配合有吸引力的超级赠品，以及打磨好的成交流程和话术，让员工按照规定的方案准确执行。

第三，奖励简单粗暴。经营者要给员工足够高的提成，把能发的奖励都发出去，而且能当天发就不要拖到月底发，要让员工像打了鸡血一样去销售，即使公司不赚钱或亏点钱也没关系。经营者要想清楚自己大力发展储值会员的目的，不仅是获得现金流，更重要的是获得一批可能长期消费的客户。员工奖励不但要给得足，竞争氛围也要拉满，如让员工之间进行业绩比拼。

只有企业的一把手高度重视会员制，才能把企业的会员体系真正有效地搭建起来。一把手要亲力亲为地参与到自己会员制的推广过程中，要不厌其烦地在各种场合中向员工强调发展会员的重要性，并对发展会员数量较多的同事给予表扬和奖励，使企业内部形成你追我赶发展会员的风气。

第三节　会员产品的定价策略

定价是经营当中非常有意义的部分，是经营者要不停思考并改进的课题。有人说"定价定天下"，其认为定价可以决定一家企业的前景乃至生死。这个观点得到了大家的普遍认可，定价这个切入口决定了经营者应该提供价值多少钱的产品和服务，也决定了客户是否认为经营者所提供的产品和服务值得付费。

定价高与定价低都有其生存空间，定价的高与低不是我们应该关注的核心问题，我们应该关注的是定价的"有效性"和"一致性"。

"有效性"指的是定价与销售量（营业额）之间的关系，即定价是否能提升企业的销售量（营业额），是否能提升产品的利润率或市场占有率。

"一致性"指的是各个产品之间是否遵循了一种定价的内在逻辑，使得产品之间不会因为价格问题而"打架"，也不会让客户找到商家的定价漏洞。

一、4 种最常见的定价方法

1. 成本定价法

成本定价法就是在各项成本（物料、人工、流通等）相加的基础上，再加上行业通用的毛利率来定价，一般适用于标准化产品，如饮品、护肤品、电器等。

2. 目标定价法

目标定价法就是以品牌定位为导向来定价，弱化考虑成本（准确地说是侧重考虑营销成本，而非生产成本），一般适用于非标准化的产品或者竞争性弱、差异性强的产品，通过品牌的溢价来制定远高于成本的价格，如爱马仕、LV 等奢侈品，以及大品牌的服装、茶叶、礼品等。为了抢占市场份额而进行的战略性亏损定价，也属于此范畴。

3. 比较定价法

比较定价法就是和同行的定价保持一致，或者在同行定价的基础上进行浮动，这是一种既简单又安全的定价方式，毕竟一个行业的产品定价区间是市场长期检验的结果，有其存在的合理性。

4. 拍脑袋定价法

这种定价法就是老板想卖多少钱就卖多少钱，老板想什么时候改价格就什么时候改价格。拍脑袋定价法也不是毫无逻辑的，针对那些在市面上没有对标的产品，拍脑袋定价法能让产品获得令人满意的利润，也可以起到为其他产品树立价格参照的作用。

会员制产品的定价一旦确定下来，原则上是不会轻易调整的，至少要在一个自然年内保持定价的相对稳定。对于会员制产品，我们除了要关注价格，还要关注时效，即会员的有效期。

二、常见会员制产品的定价策略

1. 会员储值

会员储值问题准确地说不是定价问题，而是储值金额区间的选择问题。这个问题在本章第 2 节中有较为详细的讨论，请读者自行参考。我建议把储值金额设置在客户当天消费金额的 5 倍左右，同时，还要综合考虑经营业务的消费频次。对于消费频次高的项目，如一周消费一次，可调高到 10 倍的储值；对于消费频次低的项目，如一个月消费一次，则可调低到 3 倍的储值。如果项目的消费频次特别高，几乎两三天一次，甚至一天一次，那么就不要再使用储值式会员制了，而要使用订阅式会员制，具体原因请参考本书第二章。

2. 服务交付型订阅式会员

服务交付型订阅式会员指的是以某种服务为主营产品的订阅式会员制，如读书会、私董会、知识星球、高尔夫俱乐部等，通常是以年卡的形式来销售订阅式会员卡。这类会员制在提供某种特定服务的同时，也重视给会员提供社交价值及衍生价值。此类会员卡的定价可以参考以下两种策略。

第一种是低价策略，主要是面向大众市场的，通过降低门槛来做大流量入口，用一款入门级的低价会员产品，使更多的人加入进来。低价策略只是起点而不是终点，低级别的会员产品后续必须还要再搭配一到两款高级别的会员产品来形成会员产品矩阵，以便于引导低级别会员转化为高级别会员。

例如，樊登读书会的会员年卡为 365 元，折合一天一元钱。会员可以在樊登读书会 App 上听所有樊登解读书籍的音频，还可以参加樊登读书会的线下社群活动。而组织线下社群活动的代理商会在活动中引导这些入门级会员升级为可以享受更多权益的高级会员。

第二种是高价策略，直接销售高价格的会员产品有一定的难度，所以高价格的订阅式会员制比较类似于圈层式会员制，通过价格来筛选有支付能力的客户。例如，某些私董会、高尔夫球场、高端健身房等，它们的会员年卡能卖到几万甚至几十万不等。

高价的服务型会员产品前面并没有低价的会员产品作为过渡，而且普通人想要成为会员往往也是有前提的。一般来说，对于能够直接销售高价格会员年卡的组织（机构），要有品牌的背书才能加入，如某位社会名人创办的有人数限制的私董会，又如某些著名商学院开设的 EMBA（高级工商管理硕士）课程。

另外还有一种情况，如举办方组织了一场非常有煽动力的体验活动，邀约客户到一场盛大的会销上，再通过一些现场促进成交的技巧和氛围，让客户感觉到收获很大，花高价加入会员很值。

3. 实物交付型订阅式会员

实物交付型订阅式会员产品和服务交付型订阅式会员产品的最根本差异是边际成本不同。因为有实物产品要交付，所以实物交付型订阅式会员产品的生产成本就会大一些,毛利润自然也会低一些。当然,类似于化妆品、保健品之类的高毛利产品,是可以直接参考服务交付型订阅式会员制的营销策略的。

对于毛利润没有那么高的实物交付型订阅式会员产品,我们的定价策略是基于实物产品的价值来定价,价格不适合偏离市场价值太远。这类产品通常是按年卡的方式来销售的,如订牛奶、鲜花等。这里有一个小技巧,就是降低客户的入会门槛,给客户提供购买月卡,甚至周卡的机会,让客户先体验一番后再升级为年卡,甚至还可以引导其升级为订阅有效期为3年或5年的会员卡。

4. 高社交价值的圈层式会员

圈层式会员制往往所含层级之间的差距非常大。例如,在一些商协会中,会员入会可能是免费的,或一年只用交100~200元,然后升级到理事一年要交3000~5000元,再然后升级到副会长一年要交3万~5万元,常务副会长一年则要交10万~20万元,而唯一的正会长一年可能要交50万元。圈层式会员制把差距拉得如此明显,就是为了彰显高级别会员的身份价值和社交价值,只有高级别的会员才有机会借助商协会的平台,接触到行政级别非常高、掌管权力非常大的领导。

圈层式会员制的潜台词是"有效社交""精准社交",越是有支付能力的会员,越不希望把时间浪费在对他们的商业变现无效的社交上。这里面的权力结构也非常有意思。举个例子,如果不借助一个像商协会一样的会员制平台,两位有能量的商会会长虽然有可能互相认识,但可能不会交往太深,也不会一起合作,甚至其中一位可能很难约见到另外一位。但是有了商协会这个平台作为中介,双方就都愿意花一些时间来交流互动了。这就是圈层式会员制带来的社交价值。

5. 线下门店会员

线下门店在引导顾客成为储值式会员或订阅式会员时,除上述技巧之外,最值得运用的方法是在菜单上或产品标签上明确地标注会员价与非会员价的差异,使客户对加入会员后得到的实惠和特权一目了然,无须销售人员再努力解释。

在此我总结一下,形形色色的会员产品无论是被往高定价还是被往低定价,其底层逻辑永远都是在客单价和销售量之间寻找最佳的平衡点,这也正合乎本章一开始提出的"提升客单价"的心法。定价要能够经得起长时间的考验,归根结底还是要回归价值。

有很多一开始发展势头很猛的会员制企业,在短短几年之后就陷入了困境,虽然老会员的数量并没有减少,但是现金流却越来越少,利润越来越低,并且新增会员寥寥无几。这些企业之所以会遭遇困境，是因为他们没搞清楚自己的成本。在真实的商业实操中，缺乏经验的经营者往往看不见报表之外的成本。

例如，员工的非正常流失会造成企业在人力资源上的巨大浪费。首先，企业前期投入的培训成本白花了；其次，人力资源部门为了持续招进新人来面试需要花费大量时间和精力；再次，因为新员工的不成熟而错过了许多可能成交的机会；最后，员工离职可能还会对在职员工的工作状态造成负面影响等。这些损失的成本都是无法用数字计入报表的。

因此，我向经营者建议，如果你无法准确地预估成本，如果你的企业不是依靠一轮又一轮的融资来实现发展的，那么在会员产品的定价上，你应该采取更加保守的立场，尽量通过认真地做好销售来为自己获利，并且要注意保留充足的现金储备。换句话说，就是定价高一点。

本章小结

（1）做好会员体系的 3 个心法：提前布局自己的会员制矩阵；在产品价格有优势的前提下提升客单价；通过优先卖会员来实现长期卖产品。

（2）销售会员卡的7个要点：储值金额的黄金比例在3∶1到5∶1之间；避免赠送金额的储值策略，改用赠送礼品的策略；设置显著的会员层级落差；积极引导会员消耗储值；灵活设计并使用提货卡；多使用能烘托营销氛围的宣传配套物品；回款要简单粗暴。

（3）会员产品的定价方法有：成本定价法、目标定价法、比较定价法和拍脑袋定价法。定价高与定价低都有其生存空间，定价的高与低不是我们应该关注的核心问题，我们应该关注的是定价的"有效性"和"一致性"。

第七章
战略意义上的会员模式

为什么战略问题对于企业发展至关重要？因为战略问题是企业的顶层设计问题，它要处理和协调企业生存和发展的两对核心关系。

（1）企业当下的发展现状和企业未来发展愿景之间的关系。

（2）企业内部人员对企业价值观的认同和企业外部人员对企业文化的理解之间的关系。

好的战略就要同时把握好这两对关系，使之既不会让短期利益损害长期利益，使企业失去未来，也不会让长期利益压榨短期利益，使企业熬不过当下；既能让企业的内部人员认可自身的使命、愿景及价值观，从而形成奋斗的合力，也能让客户及其他外部人员认同企业的文化理念，进而转化为对企业实质上的支持。

显然,战略能力是一种稀缺的能力,因为它不仅是一种能力,更是一种认知。一般的企业经营者如果没有经过高人指点,很难从战略的高度去认识会员体系在企业经营中的重要性。不同类型的经营者,往往会由于出身不同,而更关注自己所擅长的板块,如产品、销售、管理等,他们更容易从自己所擅长的板块中获得成就感,以至于忽略了其他板块的重要性。而且,即便认识到会员体系的重要性,经营者也很难通过研究企业的客户群体和实际的经营环境来打磨出与自身相匹配的会员体系。

所以一般的经营者,或者刚开始创业的新手,如果还不具备较强的学习能力和测试能力,那么做会员制最好的策略就是先照抄自己认为最值得学习的对象。但是在照抄的过程中,要记住不能偷懒,要经常对会员制的实施效果进行复盘和调整。

相比缺乏复盘能力的新手经营者,那些比较优秀的经营者则有能力做到综合分析自身的资源、企业的目标和当下的状况,并以此来制定企业的战略及实现战略的战术,再通过领导战役来一步一步地达成自己的目标。他们能做到理论和实践的统一,并在实践中不断地迭代和完善自身的经营体系。

一般的经营者和优秀的经营者相比,短期内在业绩水平上可能看不出多大的差距,但是在长期经营之后,他们之间的差距就会变得越来越明显。一般的经营者因为缺少战略能力,所以不明确什么样的目标对于企业最为重要。他们即使明确了目标也很难保持战略定力,不但难以在同一个方向持续发力,而且发力的指向性也不强,这就会导致企业不容易做大、做强。

有人可能会说,我们只是一家小店,一家只有几个人的小公司,没想要做多大、多强,我们有必要谈战略吗?其实把战略视为遥不可及的东西是一种误解。战略就在日常生活当中,战略是我们对自己企业的宏观指导,是我们对自己人生目标的全局规划。一个人未必要有多么高远的目标,但是对未来愿景的规划总是要有的。

例如,你希望在60岁时实现财富自由并顺利退休,这就是你的目标。那么无论你现在是30岁、40岁,还是50岁,是不是都要拿出一个总体的计划来?不可能现在你每个月领5000元的工资,然后到了60岁那天,就突然财富自由了吧?就算是靠买彩票中奖,或者靠继承一笔遗产来发财,你也要事先仔细谋划并做一些准备工作吧?

在观察了数以千计的中小微企业,特别是做2C(指商对客,即商家直接面对消费者销售产品和服务)业务的企业之后,我得出了一个很重要的结论——如果一家企业的创始人没有自己独特的、经过深入思考的、已经取得同行业内广泛认同的战略,那么以发展和完善自己的会员制来作为战略,是一家企业能够形成内外合力并向前发展的最可靠的做法。

为什么把会员制作为战略？

会员制是一种好理解、可落地的战略，尤其是储值式会员制对创业早期的企业来说，不仅是提早回收一笔资金和锁定一个长期客户那么简单，更重要的是它为直接面向个人客户的服务型和零售型企业，提供了一种可行的经营思路、确定的发展目标及成熟的商业模式。

从战略的高度上把会员制作为企业的核心理念和商业模式，是企业经营从混沌走向有序的转折点，是企业经营开始走向常态化、成熟化的标志。

第一节　商业模式的演进规律

根据多年对商业模式的观察、研究和思考，我发现，一家从事服务业或零售业的企业，如果能足够幸运地走过一个完整的发展周期，那么从它开始创立到发展壮大成一家集团公司或上市公司，是有规律的，这就是商业模式的演进规律。它表明企业的发展基本上可以分为 4 个阶段，分别是卖产品、卖会员、卖模式、卖预期。我把这个过程绘制成了商业模式发展规律演进图，如图 7-1 所示。

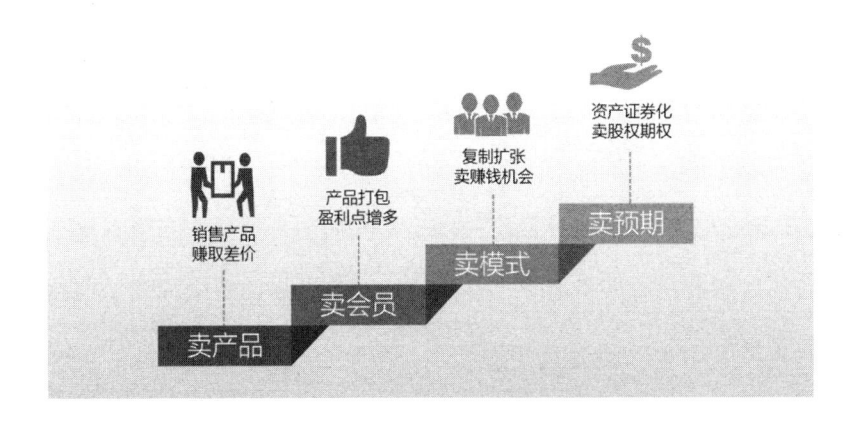

图 7-1　商业模式发展规律演进图

一、卖产品

卖产品是最初的阶段,处于这一阶段的经营者刚刚开始创业,企业的营业收入绝大部分来自销售单一的产品或服务。经营者还没有形成产品矩阵的概念,或者是只知其然而不知其所以然,基本上是有什么就卖什么,看什么好卖就卖什么,赚的是一买一卖之间的差价。

这个阶段是每一个创业新手的必经阶段,如果没有高人指点,这个阶段可能会持续较长的一段时间。例如,我在创业之初就经历了一段只卖产品的过程,而这个过程持续了一年左右的时间。处于这一阶段的经营者一般都是一腔热情,且两眼一抹黑地就创业了,可能连自己卖的产品在同行业中处于什么样的品质水平都没有搞清楚,也不知道要发展会员,只是糊里糊涂地努力推销自己的产品。

卖产品这个阶段很重要，是创业者能够继续经营下去的前提，就像是一个婴儿要靠啼哭来找东西吃，而啼哭是婴儿的基本技能。这一看似笨拙的阶段，用通俗的话来说就是在扎根，使创业者对市场环境有了切身的感受，在一次又一次的买卖关系中反复训练了自己认识产品和服务客户的能力，为未来发展的质变积累了前期的量变。

本阶段的一个重要特征是产品的种类会随着业务多样化的需求而逐渐增多，少数几个产品占据着营业收入的绝大部分，而其余的大多数产品所贡献的营业收入却很少，经营者会逐渐意识到产品体系需要有计划地进行调整。

二、卖会员

卖会员就是用会员制来代替单一的产品和服务。

在卖产品阶段持续一段时间之后，经营者会逐渐发现把一些产品和服务打包成会员卡来销售，居然比单独卖一个产品或服务还要容易，并且客单价更高。有些经营者可能很早就进入了卖会员阶段，而有些经营者则需要再摸索一段时间，但是他们或早或晚都会发现并应用这个规律。在经营者慢慢地掌握了一些有效推广会员卡的方法后，就开始大力推销会员卡了。这时企业就进入了卖会员阶段，企业的盈利点增多了，盈利能力也就随之提高了。

如果把第一阶段比作小学,那么第二阶段就像中学,经营者已经有了一些自己的学习方法,并且开始接受社会化训练了。虽然此阶段离成熟还远,但是一旦有了章法可循,就能有制定目标并实现目标的逻辑闭环了。

这一阶段的经营者在思想认识上会有一个明显的转变,就是从经营产品转向了经营客户,同时也找到了获得稳定业务营收的技巧。到达这个阶段并不难,这是一个顺理成章的过程。如果经营者在创业之初得到过一些高人的指点,就会更早地进入这一阶段。在卖会员阶段,企业的营收往往会比卖产品阶段的营收有大幅提高,经营者会比较容易获得成就感。如果在这一阶段能稳定下来,那么它就是一家经营不错的企业了。

当储值式会员和订阅式会员的营收在企业的整体营收中占比达到30%以上时,就说明企业正处在重点卖会员的阶段。

三、卖模式

卖模式相对卖会员来说是商业模式的一次质的飞跃,企业的营业收入会呈现几何级数的增长,同时企业的管理成本也会出现大幅的增长,这是对商业模式和管理能力的一大考验。能够进入卖模式阶段的企业并不算少,它们的业务发展重点已经不在销售上了,而是转移到了招商上面。

卖模式可以使企业快速地复制扩张,它的本质是把一个赚钱的机会卖给想赚钱的人,它的常见形式就是招商加盟。实现卖模式的前提是企业已经完成了可复制的模式化,一般来说有以下几个特点。

(1)企业的业务模式已经成型并且有了自己的品牌。例如,一个线下实体门店品牌,它的单店模型已经在多次实践中被验证,并在测试中有很大概率能够赚到钱,这就具备了模式输出的基础。

(2)企业的管理模式和人才梯队能够支持自身在一定程度上的复制扩张,并且人才储备在这段时间内可以维持稳定的增长率,以支持企业在快速发展中对人才的需求。

(3)企业的供应链管理能力达到了行业内公认的较高水准,产品的品质和价格既稳定又有市场竞争力,在整个产品的供应链条上,包括生产、包装、物流等,都没有明显的缺点。

(4)企业的会员数量达到了一定的规模,由此带来的品牌效应能够给加盟商和经销商带来流量。或者企业的会员经营模式本身就有很强的可复制性,能让加盟商和经销商比较容易地赚到钱。

如果能同时具备以上 4 个特点,就说明一家企业的底蕴已经比较扎实了,并具有了一定的模式竞争力。到了卖模式阶段,企业就进入了发展的快车道,也许一年就能发展出几十个,甚至几百个加盟的合作伙伴。

在此我提醒大家注意，社会上有很多专门做加盟的快招公司，有些是自己起盘，有些是帮别的品牌做招商，它们并不经过卖产品和卖会员这两个阶段，而是直接开始卖模式。这类快招公司在快消品行业中最为常见，如奶茶店、咖啡店、餐饮店等。这些快招公司基本以骗子居多，往往是把一个品牌在半年或一年之内搞得很火爆，先收割一拨韭菜，一旦热度下降就马上甩掉这个品牌，然后开始策划另一个新品牌，甚至有的快招公司会把公司注销掉直接跑路。

所以快招公司的卖模式不是普通的创业者应该关注的，稳健的长期经营者应该更关注自己企业的根基，前面两个阶段都是必经的过程。如果没有在前两个阶段打下良好的基础，企业一旦进入卖模式阶段，经营者的能力就会面临巨大挑战，从销售能力转向招商能力和融资能力，从单店的管理转向集团的管理，这将是一段很痛苦的成长期。虽然企业的规模会迅速地扩大，但是综合盈利却未必会增长，经营者可能会长期处于巨大的压力之中。

一般来说，能够进入第三阶段，而且还能维持稳定增长且没有崩盘的企业，就属于是成功的企业了。

四、卖预期

卖预期主要是卖股权或债权。广义上说，只要企业能合法地向公众去销售自己对企业未来发展的预期,无论是股权还是债权,都属于第四阶段——卖预期。

和卖模式相似的是,卖预期也是向公众销售赚钱的机会。不同的是,卖预期比卖模式更加灵活,是更高级的发展阶段,它们之间有一些明显的差异。例如,卖模式有一定的资金门槛、退出门槛、人员门槛等,但是卖预期却可以把门槛降得很低,股权、债权都可以拆分得很细,买卖的时间限制也可以很宽泛。通常卖模式是甲乙双方直接交易,但是卖预期则是在甲乙双方之间增加了投行、券商、银行等多种金融机构。

卖预期当然是所有经营者都梦寐以求的发展愿景,但是在进入第四阶段之后,企业的经营实际上就开始脱实向虚了,企业经营者会从实业家转变为金融资本家,大概率不会再去关心如何做好会员客户的经营了。所以这个阶段和我们研究会员制实操的直接关系就不大了。

至此,我来梳理一下,上述4个阶段并不是各自孤立的,而是高一级的阶段兼容低一级的阶段,是交融过渡的关系。并不是说当企业处在卖模式的发展阶段时,就不卖产品了,它们必然是同时存在的。只是相对而言,如果企业已经进入了一个比较高级的阶段,那么企业的经营者会更倾向于在高级阶段的经营模式上投入时间、精力和资源,以获得更大的利润。

如果在这4个阶段之间划一个分水岭,那么可以很清楚地划分为前半段和后半段。

在卖产品和卖会员阶段，企业还是通过销售具体的产品或服务来赚取利润，这是做生意的基础阶段，赚的是辛苦钱。到了卖模式和卖预期阶段，商业模式有了明显升级，企业就可以通过虚构的概念来赚钱了。卖模式的本质是卖一个赚钱的机会，这个机会相对来说是可见的，毕竟业务单元是可以看得到的。而卖预期基本上卖的就是一个故事了，但是人们却更乐意为故事的想象空间去买单。

毫无疑问，大多数的企业经营者是希望自己的企业越做越强的，他们都希望自己的企业能做到第三阶段甚至第四阶段。所以读懂本节的"商业模式发展规律演进图"就非常重要，通过这张图所提示的规律，**我们可以很清楚地看到"卖会员"阶段是商业模式是否能够实现迭代升级的最重要的转折阶段**，因为只有在会员制有效发展起来的前提下，卖模式才能够成立。所以为了实现从卖产品过渡到卖会员，再从卖会员过渡到卖模式，经营者要提早布局。祝愿阅读本书的企业经营者都能顺利地跨过这道分水岭。

第二节 会员制销售

会员制经济与会员制商业模式的演进规律相匹配，其有三大应用场景：用会员制来做销售、用会员制来做招商、用会员制来做融资。本节讲的是如何用会员制来做销售。

本书有一大半的篇幅，都是围绕着如何用好会员制来做销售而展开的。在本书一开始，我就总结了会员制的 7 个功能，但是光知道功能是不够的，它不足以让我们从战略层面上去重视会员制经济。既然我们已经学习到战略意义上的会员制经济了，那么就更应该了解会员制功能背后的底层逻辑。

第一个想到用会员制作为一种解决方案来代替产品销售的人，一定是一个营销的天才。他洞察了人性中贪便宜又图省事的特点，提出了一个买卖双方都满意且共赢的解决方案。

例如，当买卖双方仅对产品价格不能达成一致的时候，说明买方对该产品是有需求的，而卖方也希望把产品卖出去，所以双方并没有谈崩，这时仍有成交的机会。买方表面上要的是更便宜的价格，实际上要的是占到便宜的感觉；卖方表面上怕的是亏本，实际上怕的是降价会破坏自己的规矩，以及造成在以后交易时的被动。这时候，如果给买卖双方一个台阶下，他们就会达成一致。会员制就是这个台阶，是双方最好的成交理由。

你会发现，在会员制这个理由之下，买方并没有真正占到什么便宜，但又确实获得了占到便宜的感觉；卖方也没有真正吃亏，不仅维护了自己的规矩，还发展了自己的会员制。于是，之前互不相让甚至要吵到不欢而散的买卖双方，居然可以轻松地达成一致，最后顺利地成交了。所以，会员制销售是一个天才设计出来的交易模式，它恰到好处地满足了买卖双方的心理预期。

彻底理解了用会员制来做销售的妙处之后，我们要牢记以下两个主要观点并反复体会，进而达到活学活用。

（1）在降低门槛和提高利润之间设计相对好卖的会员产品包。

卖会员身份是一个说法，其本质是把产品、服务和权益综合在一起做成一个会员产品包。同时，为这个产品包命名，使客户一听就能理解，以利于成交。

设计会员产品包并不难，经营者对自己的产品和服务的成本、利润及销售难度、销售频率都很了解，凭着常识和直觉就能做出一个比较合理的会员产品包来。经营者要注意的是在降低门槛和提高利润之间，通过不断地测试来找到一个最佳的平衡点。

常识告诉我们，要想产品好销售，就要降低产品的价格，但是降低产品价格必将牺牲产品的毛利。而企业的运营成本是要依靠毛利来支撑的，如果毛利不够，企业就必须通过加快商品流通的速度，也就是加大商品流通的频率，来叠加产品销售的毛利，从而支撑公司的运营和发展。企业的估值方式，就会从评估盈利能力，转为评估现金流利用效率。

这个逻辑,就是互联网电商巨头(如京东、淘宝、拼多多等)发展起来的逻辑。但是经营者必须要有清醒的头脑,绝大多数的企业并不能发展成为垄断型的企业,也不适合用互联网公司的经营与估值方式,甚至对绝大多数的企业来说估值都是没有意义的,依靠产品销售的毛利来生存和发展才是最重要的。

如果想把握好产品的销售门槛和销售毛利之间的关系,就要把握好产品定价的问题,也就是会员定价的问题,这是经营者要不断思考并积极调整的。是用储值式会员制,还是订阅式会员制?在客户第一次加入会员时,要不要有销售利润?如果产品卖得不好,是流量不够(进店客户不够多),还是定价过高?类似这些问题,都在考验着经营者的销售能力。

我通过长期观察,发现最常见的情况是大多数的经营者为了获得一个会员的储值或注册,让渡了过多的正常收益。例如,如果经过一定时间和次数的测试,我发现 6 折和 8 折这两种折扣吸引客户储值的效果是一样的,那么我们自然就没有必要再坚持打 6 折,因为这无形中会损失 20%的利润。但大多数的经营者缺乏这样一个测试的思维。

降低门槛是为了让会员产品包更好卖,但是降低门槛并不等同于降价。要让会员产品包好卖,也不一定都是通过降价的方式,甚至还有相反的情况,如一些高端的圈层式会员产品包,当价格高到一定程度后反而会更好卖,因为它帮助客户筛选了圈层,节省了客户的宝贵时间。

为了更好地发展会员制,可以说降低门槛是一系列的组合拳,具体方法如下。首先,要把会员从低到高分层,每一层都单独设计一个门槛。其次,把基础产品(服务、权益)和高级产品(服务、权益)分隔开,从基础产品(服务、权益)中抽取一部分来打一个包,这样就可以把产品包的成本控制在比较低的范围内,让客户容易接受。最后,把更多零边际成本的产品或服务纳入会员的权益,甚至是虚构出一些会员权益来,使得整个会员产品包更有价值感。

同样,这些方法也会帮助企业提高利润。例如,商家把一些零边际成本(或低边际成本)但是有实际销售价值的产品(服务、权益)纳入了会员权益,结果会员在整个有效期内都未必会使用这些权益,这就为商家让出了一定的利润空间。这种现象在健身房的商业模式中极为常见,如会员在办理了年卡之后就可以自由地使用游泳池和健身设施了,实际上这些设施很多会员可能一年都没用过几次。

(2)优先卖会员,其次卖产品。通过卖会员,实现卖产品。

从卖产品的思维转变为卖会员的思维。

面对一个新客户,我们要考虑的不是卖哪一款产品,或怎么把这款产品卖给他,而是要判断用哪一个会员产品包来满足他的需求,或怎么用这个会员产品包来达到成交的目的。

从表面上看,优先卖会员,其次卖产品,只是一种销售形式上的变化。但是如果我们抽丝剥茧地去思考它的底层逻辑,那么它实质上包含着几重深层次的原理。

第一,从经营产品转向经营客户。

传统的企业是以产品为中心的,特别是生产型企业和零售型企业关注的重点都是产品。例如,怎么生产出品质更高、成本更低的产品,以及怎么以更低的成本把产品高效地卖出去。传统企业认为销售是核心,而服务是给销售做配套的。

营销科学里最经典的4P理论——产品(Product)、价格(Price)、推广(Promotion)、渠道(Place),其本质就是指导人们站在销售产品的视角上,去部署和评价工作。这种思路会造成很多问题,例如:企业只会生产或销售同一属性的产品;企业需要不断地做营销来获取新的客户。

以产品为中心的逻辑,更适用于商品经济发展的早期阶段。这时的市场还处于蓝海阶段,有很大的新增市场空间(增量市场)可以开拓,在此阶段,企业往往更关注产品。到了商品经济发展的中期和后期,市场从蓝海变成了红海,从增量市场变成了存量市场,企业自然就会更关注怎么经营好已有的客户，怎么利用已有客户来复购和转介绍了。这就是现阶段所有企业都避不开发展会员制的原因。

第二，从一次服务转向一生服务。

对服务行业来说，经营好老客户是基本常识。营销业内都明白的一个道理是，开发一个新客户的成本是维护一个老客户成本的 5 倍。

在互联网没有出现前，各大行业之间的区隔是很明显的。服务、零售、制造、金融等行业相互之间严格分工，各干各的事。但是互联网发展起来之后，行业之间的边界被模糊了，一切行业都成了服务业，一切行业都少不了传媒属性和教育属性。

互联网帮助企业实现了客户维护的去物理边界化和去时间边界化，也就是说企业服务一个客户，不再受到空间和时间的限制。例如，开在北京的公司完全有能力给远在巴黎的客户提供无差别的服务，并且企业也十分愿意为客户提供长期的服务，进而从一次服务转向一生服务。

第三，从销售产品转向提供解决方案。

如果我们在为一个客户提供了一次完整的服务之后，发现所提供的价值远超产品或服务本身的价值，我们就会对自己工作的意义产生全新的认识。

例如，当我们向客户销售一份茶叶时，这绝不仅仅是销售茶叶而已。实际上，我们会问客户为什么想要买一份茶叶，是自己喝还是要送人。当我们确定了客户的购买动机后，还会问他的预算是多少，然后在他的预算范围之内为他提供多个合理的选择，我们还可能会通过连带销售等技巧来提升客单价。这个销售的过程，实质上就是我们为客户提供解决方案的过程。

所以为什么要优先卖会员，其次才是卖产品？因为会员是一套综合的产品包，它包含了产品和服务，它更接近于一套解决方案。至于产品，它只不过是整套解决方案里的一个组成部分，它是可替代的，而方案本身的不可替代性更强。

只要我们能通过卖会员的方式把客户纳入一套解决方案里面来，未来自然会有源源不断的销售机会。

第三节　会员制招商

招商，就是招揽商业合作伙伴。

快消品行业、直销行业、教育行业、医疗行业、餐饮行业、美容美发行业等都是重点在招商上发力的行业，在这些行业中，招商重于销售，或者招商本身就是销售，所以用会员制来进行招商早已是这些行业的拿手好戏。

以直销行业里最具有代表性的安利为例，首先，它是以发展销售代理（招商）为业务推进的主要目标的，它要求想要加入并成为销售代理的创业者先购买一定数量的产品，安利把销售代理叫作会员，购买达到一定数额的产品就能成为会员，而会员自然就具备了代理销售安利产品的资格。其次，安利明确地把会员价与非会员价的差距标注得很明显，会员除了能享受价格优惠，还能通过代理销售安利的产品来获得利润。通过这种策略，被引导来购买和使用安利产品的人，都产生了想要代理安利产品的想法。这种商业模式席卷了全球，安利公司成了这种商业模式的集大成者，影响了不计其数的模仿者，其中很多企业在特定的时间段里都取得了一定程度上的成功。

招商的本质是面向被招商人群去兜售赚钱的机会。 一般来说，当你的手里有一个能赚钱的产品，或者有一个能赚钱的机会，并且这个机会是有可复制性的时，例如，我看到你赚钱了，我跟你学着干也能赚到钱，那么这个机会就可以用来做招商。

人如果拥有一个赚钱的机会，就会有把这个机会放大若干倍去赚更多钱的冲动，这是人的本性。那么，如何去把这个赚钱的机会放大很多倍？这时候我们就会面临以下两个选择。

一个是招商，把这个赚钱的机会和方法卖给别人，让别人也一起来赚钱。这是裂变和放大一个赚钱机会的最快方式，因为它把模式发展所需的资金成本和人力资本快速地转嫁给了加盟商，而大量的加盟商又把总成本分摊成了许多子成本。最后，参与的人越多则各自承担的成本就越低，进入的门槛也就越低。所以招商最重要的是"快"。

另一个是融资，就是自己想完全掌握这个赚钱机会，但是手里的资金和资源不足以独自驾驭这个赚钱机会，也就是说仅依靠自己的力量无法快速地放大这个赚钱机会，于是发起人就以自己未来可能获得的利益来抵押，向不特定的人群募集资金来放大这个赚钱的机会，投钱进来的人就是投资者。

所以招商和融资的区别是：招商要面对的是加盟者，融资要面对的是投资者；加盟者是要亲自参与到项目的运营全流程当中的，而投资者通常只做财务性投资，对实际经营并不干涉；加盟者独立对所加盟的项目承担责任，亏了赚了都是自己的，而投资者可能会要求发起人对投资的风险和收益做一定程度的兜底。

招商和融资，既有相互并列的关系，也有相互重叠的关系，同时还有一定的递进关系。它们的目的都是为了使赚钱的机会快速放大。一般来说，招商适合简单的项目——链条较短，模式清晰，易于操作，而融资适合相对复杂的项目——链条较长，需要复杂的组织架构支撑，对经营该业务的企业有一定规模和实力的要求。

用会员制来做招商比用产品来做招商有很大的优势。

第一，会员制招商的模式是被验证过的，更容易让加盟商拿到结果。

正如上一节中所讲的，与其销售具体的产品，不如提供解决的方案。就招商本身来看，要让加盟商来购买自己企业的产品，通常要做的是大力塑造自身品牌，用品牌来打动加盟商。但是当企业要给加盟商提供一个赚钱机会或一套解决方案时，打动加盟商的主要是经营者的专业能力和所提方案的有效性。

显然，如果用会员制来招商，企业向加盟商展示的就是一套相对完整的解决方案，并且会员的基数是真实存在的，是可以被加盟商考察的，这就极大地增加了招商方案的可信性和可行性。

事实上，我考察过大量的企业招商，这些经验可以说明以会员制来作为招商方案是非常具有可行性的。例如，华饮小茶馆从2018年开办第一家茶馆至今，在北京地区已经开了20多家门店。其中大部分后续开办的新门店，都是由于老会员主动向社会宣传和推荐华饮小茶馆的会员制，于是就有很多想投资开店的老板主动找到华饮小茶馆的经营团队并表示希望投资和加入。

第二，用会员制来招商，招商对象的一部分可以是熟悉我们的会员。

如果把会员也视为招商对象，那么企业在寻找潜在加盟商的过程中就可以省下来很多时间和精力，不用再去研究怎么增加流量。

近些年社会上流行一个概念——消费商，就是这个客户既在你这里购买产品，也会主动向别人推荐你的产品，从而使自己获得一些经济上或心理上的回报。

会员原本就是对产品和服务比较了解的人，因为他们的消费频次高，所以有些老会员对商家的了解，甚至比商家自己的某些员工还要多。他们可能已经不再满足于只在商家这里获得一些产品和服务上的权益，而是看好该企业的经营模式，有意愿参与其中来获得更多的利润。

企业面向自己的会员发出招商信息会比组织常规的线下招商会还要有效得多。招商有多种渠道方式，除了线下面对面的方式，还有线上的公众号、微信号、视频号、社群、直播等各种渠道。除了举办线下招商会，企业在更多的时间里，可以通过各种线上渠道多次触达招商对象，从而达到更好的招商效果。

第四节　会员制融资

狭义的会员制融资指的是以会员制为商业模式，向专业的投资机构去融资。而广义的会员制融资则指的是用上文所说的赚钱机会来获得投资人真金白银的认可，这里面包括债权的投资和股权的投资。

债权的投资就是用各种方式来贷款，当然是尽量低利率的贷款。根据经验来说，年利率低于10%的债权融资都属于成本比较低的融资，原则上是可以尽量多办些贷款。而股权的投资在早期看来没有什么成本，但是企业会因为项目的股权被稀释而丧失一些掌控力。

一般来说，我们默认要讨论的融资方式指的是股权的融资方式。用会员制来融资，是股权融资的一种方法，它丰富了股权融资的手段，这主要体现在估值方法上面。

估值是投融资的基础，只有双方都认可了一家企业究竟值多少钱，才能商定投多少钱、占多少股份，约定好投资过程中双方各自的权责利。

常规的估值，一般是根据固定资产、现金资产、利润率、技术专利、团队成员等条件，综合计算后得出的一个数字。也有很多早期投资的估值，是双方拍着脑袋定下来的。

会员制如果做得好，就会有扎实的数据支撑，这些数据能够说明企业已经拥有的会员数量、会员的消费频次、会员的年平均消费总额、会员营收在整体营收中的占比等。这些数据可以使会员作为用户（客户）资产来计入企业的估值中，从而拉高企业的价值。

这种估值方式也是早期互联网企业最常用的估值方式。先算出每个会员大概值多少钱，再乘以会员的总数，就可以得出会员资产的总价值。

把会员作为一项资产来计入企业的价值，对企业来说当然是有很大好处的。除了能抬高估值从而募集到更多的资金，还能提高团队的信心，让企业在做营销投入和研发投入的时候更有动力。

试想，企业为了获取会员和维护会员，实际上是有很大一笔营销费用和研发费用投入进去的，但是这笔费用可能无法全部计入经营成本，它在正常的估值方式中未必会被视为公司估值的一部分。如果会员不能作为一项资产来计入企业的价值，那么对企业的所有者而言多少有些不公平。

只有把会员的价值估算出来，才能更准确地反映一家以经营客户为中心的企业的真实价值。讲到这里，我们就应该明白了为什么一定要把会员制视为企业的商业模式，一定要把会员制放在企业经营战略的高度上了。

用会员制来做项目股权融资时，可以按照以下顺序进行。

（1）做项目融资计划，一般是撰写项目融资计划书，也可以是视频或 PPT 形式。

（2）公布融资计划，找到潜在投资者并讲解计划（也就是路演），然后敲定投资意向。

（3）签订投资协议（合作协议），向投资者开放财务信息，履行协议约定的义务。

企业想要得到别人的投资，有两个先决条件：一是讲一个让别人感到非常有价值并且想要参与的故事；二是说服别人相信你就是有能力让这个故事发生的人。

例如，现在你要开一家茶馆，那么要告诉别人的故事就是，你选的店铺有一个好位置，你在算好各项成本和收益之后发现茶馆一定能赚到钱，而你确实有方法、有能力来确保自己预估的收益能实现。你用来讲故事的工具就是项目融资计划书。标准的项目融资计划书包括不少内容，如市场环境分析、经营策略、投资条件、财务测算、退出机制、风险分析、治理结构等。

以开一家茶馆为例来说明，是因为茶馆只是一门小生意，也不需要融来多少资金，足够生意运转起来就好了。根据华饮小茶馆连锁店的融资经验，我认为茶馆最有效的融资方法是做好以下几点。

（1）展示茶馆选址的多张照片或视频（屋内和屋外），还要有户型结构图，并且最好能在融资之前把装修设计效果图做出来。

图片和视频可以给潜在投资者最直接的印象，他们马上就可以清楚地看到现在这个地方什么样，并推断出未来这个地方会怎么样。这么做有两个重要的原因：一是通过充分的信息展示来让人相信你所说项目的真实性；二是给潜在投资者一个明确的预期，有助于他们尽快地做决定。

（2）把账给投资者算明白，讲清楚。算明白成本很容易，而算明白收入就稍微有点困难。

成本几乎是一清二楚的，房租、人力、物料、装修、设备、水费、电费、物业费等，加起来差不多就是整个成本。将成本均摊下来再除以毛利率，就把每个月最低的收入目标给算出来了。怎么去实现比这个目标更高的收入目标，让投资者看到投资会有较高回报的希望？茶馆创业者要用自己的经验和针对这家新店所做的具体方案，来让投资者相信茶馆就是能给他带来丰厚的回报。

（3）管理好估值，也就是管理好自己和投资者双方对项目的预期。估值低，投资者就容易参与进来，但时间长了创业者可能会不服气，以至于撂挑子或另立门户，虽然不道德但是很常见；估值高，又没有投资者肯拿钱参与进来，就算估值再高也只是创业者的独角戏。

我认为传统行业创业比较好的估值就是首年总成本的2~3倍，科技行业创业比较好的估值可以设定为第一轮投资的5倍左右。

例如，你想要创业，准备从事一项社会上比较常见的项目，如开一家餐馆或一个礼品销售公司，那么你怎么去融资呢？假设你的初创公司全年总成本为 N，现在你要去和投资者谈合作，希望投资者以 N 为基数，对你的企业进行投资。我的建议是，如果投资者是懂行业又有资源的，那么你的企业的估值就定为 N；如果投资者对行业没有那么了解，未来也不参与企业的经营管理，那么估值就可以适当上调到 $1.5N$。

（4）设计好退出机制和股东权益。

这两方面都是用来保护投资者的。退出机制至关重要，它是对投资者最重要的保护，是创业者靠谱与否的关键指标。退出机制要明确地约定在哪些情况下投资者可以退出或优先退出，以及用什么样的方式退出。退出机制会告诉投资者，他们的本金有没有可能亏损，在什么前提下可能会承担什么样的风险。这样，投资者才能事先评估自己是否愿意承担这些风险。

股东权益除分红权和管理权之外，一般都是一些锦上添花的条件。例如，华饮小茶馆各连锁店的股东可以在任何一家连锁店的闲暇时段免费使用包间，同时还可以享受公司所有产品的拿货成本价。这两项权益对有接待和办公需求的商务人士来说非常划算，他们通过入股某个门店，不但节约了大量的接待成本，而且还有享受分红的权利。所以，华饮小茶馆每次在新店招股时，都会很快就招满了。股东权益设计得好不好，很有可能成为别人是否投资的关键。

本章小结

（1）对于大众型创业项目，商业模式演进的一般规律是：卖产品—卖会员—卖模式—卖预期，其中卖会员是商业模式迭代的关键一步。企业经营者如果能认识到这个规律，自然就会从企业经营战略的高度去认识会员制。

（2）会员制经济覆盖了三大业务场景：用会员制来销售、用会员制来招商、用会员制来融资。这三大场景将会员制经济的能量极大地释放出来，作者对其已经做了充分的讲解，建议大家在实践中继续探索并灵活应用。

第八章
深度拆解会员制矩阵案例

在进入本书最后一章之前,请读者们先不要看深度拆解的案例,而是亲自来做一次复盘或训练——你能否作为一个经营者,从头到尾地回顾你的组织(机构、企业)运用会员制的历程,并把每一个重要的决定(改变)写下来?把你的组织(机构、企业)的会员制用一张图表的方式表达出来?把你的组织(机构、企业)的会员制当前的优劣势和形成当前优劣势的原因分析出来?或者说,你作为一个观察者(研究者),试着对某一个组织(机构、企业)做出上述的分析后,再开始读本章的案例。

"在6年时间内开办了20多家直营店,发展了15万名付费会员,其中超过5000名会员累积消费在3000元以上。"这就是华饮小茶馆截至2023年底在会员制经营上取得的成绩。华饮小茶馆是一家比较知名的茶叶连锁企业,在北京地区先后开设了20多家门店,其门店形态包括茶饮店、咖啡馆、棋牌室、茶叶店。最多的形式是新中式商务类茶馆（见图8-1），其主营业务是面向商务类客户提供会议包间、茶水服务和茶叶礼品零售服务。茶馆的单店面积在150~300平方米之间，单店年营业额是200万~300万元。

图8-1 新中式商务类茶馆

外行对这个数字可能没有什么概念，在此我给大家对比一下，同样是在茶馆行业，经营时间差不多的同等规模的门店，年营业收入大概是120万~150万元，会员数量大概能做到500~1000人。通过对比，我们就能看出来，华饮小茶馆的单店年营业收入要优于同行平均水平的50%左右，更值得注意的是，平均每个店的会员数量要比同行平均水平高出近10倍。

以上这段文字可以得出两个简单的结论：第一，华饮小茶馆的经营管理能力不错；第二，华饮小茶馆一定非常重视发展它的会员数量。

本章将围绕华饮小茶馆会员体系的发展演变过程来展开细致的剖析，这个案例非常有代表性。华饮小茶馆就是一家普通的创业型小公司，在一个纯粹市场化的环境里，从一家不到 50 平方米的小店，一点一点地发展起来。既没有资本投入，也没有高人指点，几个创业的年轻人从完全不懂行到逐渐能够在一个行业中立足，在创业的过程中必定吃了不少亏，栽了不少跟头。华饮小茶馆这个案例非常真实，并且细节丰富，对我们研究会员制经济有很大的帮助。希望读者把这个案例反复多看几遍，一定能有所收获。

第一节　会员体系迭代历程

按照时间顺序，我把华饮小茶馆从创业起，6 年间发展会员体系的过程梳理了一遍，大致可以分为如下 4 个阶段。

（1）1.0 拿来主义阶段。

（2）2.0 积极应用阶段。

（3）3.0 模式创新阶段。

（4）4.0 自主研发阶段。

一、1.0 拿来主义阶段

关键词：储值式会员制

1.0 拿来主义阶段的时间范围是从 2017 年 9 月到 2018 年 3 月。

这个阶段华饮小茶馆引入了第一套会员系统，从储值式会员制开始发展会员经营。

实际上，华饮小茶馆的第一家店名叫澄碧轩，是在 2016 年 10 月成立的，它的创始经营团队在新店成立的第一年里，根本不知道用会员制，也没有会员经营的意识，正是处于本书第七章所说的"卖产品"阶段。

虽然现在华饮小茶馆的会员体系管理得很好，经营者能从战略的高度重视会员经营，但是在做复盘的时候，可以很清楚地看到他们当时确实没有做这项工作。而且令人非常意外的是，他们的创始人并非不懂会员制是什么，因为他的全职工作是在一家科技公司担任总经理一职，统管技术研发和销售业务，而那家公司早就在销售订阅式会员了。可是直到复盘的时候，他们才发现这个问题，为什么看起来那么基础的一项工作，却没有被应用到华饮小茶馆的业务上来呢？

这就验证了"知识盲区"的理论，我们很可能以为自己弄懂了一件事情，但实际上却并没有真正弄懂，所以我们的知识才存在盲区。同样的知识却不会应用到不同的领域中，就说明我们没有做到知行合一。所以在这里提醒大家，有的时候我们在一个领域已经被人们认为是专家或高手，但是进入另一个领域后却做不出好的成绩，可能不是因为我们学习新知识的能力不行，而是我们根本没有真正掌握知识在前一个领域的要领和逻辑，从而无法迁移到另一个领域去使用。华饮小茶馆的创始人之所以没能借鉴科技公司的会员制，使其应用到茶饮服务业的会员制上面，是因为他没有完全理解"会员制营销"的底层逻辑，他只看到了两个行业之间的差异性，而忽略了更重要的相似性。

所以我们要尽力去抓住事物最底层的逻辑，才能触类旁通。如果自己做不到，就赶快向业内的高手请教，而不是一味地闭门造车，这样会少走很多弯路。

华饮小茶馆在刚开业的第一年，生意很差，平均每天的营业额只有两三百元。创始人试着做了一些促销方案，也试着培训员工提高技能，但这些方法都不太奏效。转眼间，一年快过去了，因为门店的促销方案需要有电脑系统支持，经营者才在网上购买了一套会员系统。当时那个系统是软件和硬件配套使用的，包括一把扫码枪和一盒实体 PVC 卡片。门店在电脑上安装好会员系统软件之后，再连上扫码枪，每当有会员开卡的时候就扫码激活一张卡片给会员。会员下次再来的时候，需要带上实体卡来刷卡消费。

图 8-2 华饮小茶馆的第一家店

华饮小茶馆的第一家店（见图 8-2）是以销售散座茶饮为主，产品为现做的茶和咖啡饮品，价格大约在 15～20 元一杯，客人来了点一杯饮品，坐一会儿就走了，类似于老北京的大碗茶。

在引入了这套会员系统之后，经营团队对设计会员方案也没有什么特别的想法，就是按照会员系统的设置来填，暂定了一个储值 200 元送 40 元并且会员消费享受 8 折的方案。方案设置好了之后，他们在门口的小黑板上把储值会员享受优惠的信息写了出来，同时要求店员在客户点单和买单的时候提醒客户一句话："储值 200 元送 40 元，即可成为会员，以后消费都打 8 折。"

这个会员促销方案一经推出，效果好得出乎团队的预料，比之前单纯给饮品打折的效果要好多了，很多客户都选择了储值成为会员。原来一杯茶定价为 15～20 元，一天的营业额只有 200～300 元。

在会员促销方案推出之后，虽然每天进店的客户数量并没有增加，但是总有人会办卡储值，一天的营业额就能有 500～1000 元了。小茶馆的营业额显著提高了，现金流也明显增多了，创始团队这时候才意识到之前自己有多傻，居然连这么简单的工具都不会利用。

会员办卡之后，到店的次数也变多了，店里人气越来越旺，生意也越来越好了。第一个促销方案实施了大概半年的时间，因为效果挺好，所以团队并没有考虑要提高储值门槛，只是想着怎么更好地优化储值方案，让更多进店的客户愿意办卡储值。为此，团队又推出了一个会员福利，就是会员到店喝茶可以免费享受枣糕一份。这个福利很实在，解决了很多到店喝茶的客户临时充饥的需求，让店里的办卡率又成功提高了 20%～30%。

总结一下，在 1.0 拿来主义阶段，华饮小茶馆的创始团队在会员经营上刚开始入门，他们是照搬别人的方案，自己还没有能力从机制层面去理解会员制，但也会思考如何去优化会员制的效果。在 1.0 阶段，华饮小茶馆的创始团队对于会员制的认知只是一种配合营销的工具。

二、2.0 积极应用阶段

关键词：储值式会员制

2.0 积极应用阶段的时间范围是从 2018 年 3 月到 2019 年 7 月。

这个时间段相对比较长，持续了一年半左右。这时华饮小茶馆的经营团队对市场比较有信心，开始探索连锁化的商业模式，门店的发展速度比较快。起因是在 2018 年 1 月，华饮小茶馆的经营团队有机会接管了一家经营不良的大店，名叫自在雅集。所谓大店，一是门店的面积要大多了，第一家小店才 50 平方米，而这家店 300 平方米；二是业务变化了，从以散座为主变成了以包间为主；三是客单价提高了，小店的客单价是 15~20 元，大店涨到了 150~200 元，提高了近 10 倍，而且大店是以包间为单位来收费的，一桌通常有 4~6 个人，所以一个包间的单次收入就能有 500~1000 元。

自在雅集之前的装修投入了几百万元，硬件条件非常好，虽然坐落在中关村最繁华的商圈，但房租却不算高，本应是一家比较容易赚钱的店。可因为之前的店主心思不在赚钱上，只把它作为一个会所来经营，所以每个月都要亏损几万元，这才找到华饮小茶馆的经营团队来接管。团队接手之后，调整了茶馆的市场定位，把服务高端人群的会所改为服务中高端商务人群的茶馆，在之前装修风格的基础上重做了门头、调亮了灯光，同时优化了产品、加强了引流。总之，做了一系列的准备工作，这里限于篇幅不展开细说，我只围绕着会员制来说。

在准备工作完成后，华饮小茶馆的经营团队就轻车熟路地把在小店澄碧轩实行的储值式会员制照搬到大店自在雅集的经营中去，并且这时候团队已经明确了一个共识,就是要把会员储值作为营销的头等大事来抓,尽量把进店的客户都转化为会员,这时团队对于会员体系的重视程度已经比 1.0 阶段明显提高了很多。既然新店的客单价提高了,储值金额肯定也要提高,那么储值多少金额合适呢?团队在当时还没有形成方法论,只能拍脑袋来决定,既然小店储值 200 元送 40 元,要不大店就储值 2000 元送 400 元吧?

用这个方案运行了一段时间之后,华饮小茶馆的经营团队发现会员储值的成交转化率还是挺高的,只要是附近来消费到 500 元以上的客户,基本都选择了储值。到 2018 年的上半年,团队已经形成了明确的共识:"实体门店发展储值式会员不仅是一种营销手段,还是一种营销战略,更是企业初创阶段的最高战略,我们要想尽一切办法把客户转化为储值式会员。"

建立在这样的认识之上,华饮小茶馆的经营团队就想把储值门槛再提高一些,以加大现金流的回收力度。同时团队也发现了一个问题,储值赠送金额的方式并不好,因为赠送的金额不能计入营业收入,所以导致财务做账很麻烦,一不小心就容易算错账。于是团队把储值门槛提高到了 3000 元,同时取消了储值赠送金额的方式,并把会员折扣从 8 折降到了 6.6 折。虽然新方案的折扣力度要比老方案大很多,但是执行效果却没有老方案好,成交转化率反而下降了。虽然储值门槛的提高是主要原因,但是没有了赠送金额,客户对优惠的感受就不明显。

于是华饮小茶馆的经营团队进一步分析讨论，既然大家已经决定要把会员制作为首要战略来推进，那么牺牲一些利润，或者说付出一些营销成本是值得的，也是必需的，不如让优惠力度再大一点。于是团队调整了储值方案，补充了优惠方案。

（1）把储值门槛从 2000 元提高到 3000 元。

（2）把会员的优惠折扣从 8 折变更为 6.6 折。

（3）储值虽不赠送金额，但赠送精美礼品。

（4）储值开卡享受当单消费免单。

新方案的优惠力度非常明显，成交转化率一下子就提高了，这几乎是一个无法抗拒的成交主张。这个会员储值方案在华饮小茶馆的各连锁店中从 2018 年 3 月起一直沿用到了现在，伴随着他们一路开了 20 多家店，再也没有做大的调整，而且会员的储值在所有的连锁店内都是通用的。只有少数几家平均客单价更高的门店把储值门槛提升到了 5000 元，赠品也做了相应的升级。

在 2.0 积极应用阶段，华饮小茶馆开启了不断开新店的节奏，为了更快地实现资金回流，团队制定了比较激进的营销策略，以极大的优惠力度来发展储值式会员。他们甚至向健身房学习，专门成立了销售团队，在各个门店的周边区域去挨家挨户地发传单、找客户。并且频繁地组织企业沙龙、培训等活动，邀约潜在的客户来到店参加。企业围绕着会员制来进行营销，总结出了一套比较成熟的方法。

也正是在2.0阶段，企业把会员制定为了经营的核心战略，他们做了两项很重要的基础工作。其一，搭建起一套业务管理的信息系统；其二，进行全渠道的推广和吸收注册会员。

1. 业务管理信息化。

华饮小茶馆的经营团队开始寻找各种数字化工具，并打通这些工具以搭建一套业务数字化管理系统（包括会员管理系统、收银系统、进销存系统等）。他们抛弃了在1.0阶段使用的单机版收银和会员管理系统，改用免费的美团青春版餐饮管理系统为主要收银系统。因为美团青春版餐饮管理系统是可以联网的，并且可以和微信服务号相互打通，而微信服务号可以作为注册入口和消息通知工具，其自带的会员卡工具还可以连接美团的收银和会员管理系统。

这一套系统应用起来非常方便，客户扫码关注微信公众号，在自动弹出的链接里填写个人信息之后，就可以注册成为会员，结账的时候只要报上手机号就能享受会员价，还能直接在微信里查看自己的储值余额。这比1.0阶段的单机版会员系统要先进多了。

2. 全渠道推广和吸引会员

华饮小茶馆的经营团队会通过各个渠道去吸引潜在客户来注

册会员，如以下这几个方案。

（1）凡是进店的客户，只要扫码关注微信公众号并注册成为会员，消费时就可以享受9.5折优惠，还有小礼品赠送。

（2）在门店周围推广客户群，只要是在附近生活和工作的潜在客户，都拉进客户群，管理员在群里分享各种喝茶的小知识，以及与传统文化相关的信息，当然还有店内促销的各类信息，以此来不断吸引客户到店体验。

（3）大量发布微信公众号推文，在推文里植入申请注册会员的链接，以及领取注册小礼物的方式等。

这种不区分客户，大规模往系统里植入注册会员链接的推广方式，虽然使注册会员的数量飞速地增长起来，逼着团队为了发展目标而努力奋斗过，但是如今复盘来看，显然是做了大量的无用功。当时华饮小茶馆经营团队的逻辑是，想尽一切办法把人导入门店，并想尽一切方法把品牌的名气做大。这类盲目推广的现象，在所有企业的创业阶段都会发生，不能说完全错误，但肯定不是科学和正确的做法。我建议大家还是要在明确客户分类的基础上，做精准的营销。

在2.0积极应用阶段，华饮小茶馆的经营团队对会员制的理解逐渐从工具层面提高到了模式层面，甚至是战略层面。由于认识的提高，使得整个团队为发展会员体系投入了不少精力，积极地做了大量的测试和复盘。

三、3.0 模式创新阶段

关键词：订阅式会员制、会员制矩阵

3.0 模式创新阶段的时间范围是从 2019 年 7 月到 2020 年 2 月。

在 2.0 积极应用阶段，华饮小茶馆的经营团队关注的重点是让包间客户成为储值式会员，并且提升客单价。可这样做对散座客户的挖掘是有所忽略的。虽然在 1.0 拿来主义阶段，他们是从散座客户起步的，但是在进入 2.0 积极应用阶段之后，华饮小茶馆的新开门店基本上都是以包间业务为主，一是包间的需求更稳定，二是包间的消费金额更高，所以他们自然就忽略了怎么去做好散座客户的会员化。包间会员每次储值都是 3000～5000 元，而散座会员每次储值也就是 200～300 元，实在是不痛不痒。同时，在 2.0 阶段，华饮小茶馆的经营团队已经隐隐地感觉到，继续用储值的方式来锁定散座会员并不是一种最好的方式，但是用什么方式来解决这一问题，他们还没有想明白。

直到 2019 年上半年，华饮小茶馆的经营团队认为他们已经把包间客户的会员转化率做得比较到位了，这才腾出精力来打算好好琢磨一下怎么挖掘散座客户的价值。这时候，团队开始有了"会员制组合"的概念,他们已经明白了客户分层的重要性,明白了要用不同的会员制去满足不同分层的客户,最后多个会员制模块组合在一起,共同形成企业的会员制矩阵。

正好在那段时间瑞幸咖啡非常火爆,它以爆发式的增长速度在全国疯狂地开店,用极低的价格强势地攻打市场,使在它们周边的很多茶饮店都迅速流失了生意。而华饮小茶馆卖的是原味茶,到门店喝茶的客户主要是些需要找一个空间办公或谈事的人,还有些是中年以上喜欢喝原味茶的人,并且也不会有什么人会点原味茶当外卖。所以,在品类上华饮小茶馆和瑞幸咖啡之间并没有什么竞争关系,倒是和星巴克在第三空间上有一些竞争。

但是瑞幸咖啡的成功,肯定会引起华饮小茶馆经营团队的关注和学习。他们很清楚地认识到,以自身的产品力和品牌力,同样是20~30元一杯的饮品,他们是无论如何都无法和瑞幸咖啡去竞争的,这一点毫无疑问。现在瑞幸咖啡已经把价格压到平均20元以下的区间了,华饮小茶馆如果把单杯茶饮的价格下调到比瑞幸咖啡还便宜,那散座客户对他们来说就更鸡肋了,那么低的客单价会让客户连储值200元的会员卡都不愿意办了。

难道散座客户真的越来越没有价值了吗?难道市场环境要逼迫小茶馆索性放弃散座客户吗?当华饮小茶馆的经营团队不断地回到业务原点去深入思考,他们的认知也随之发生了改变,团队重新定义了散座客户对于自己商业模式的价值，即散座客户是零售客户和包间客户的储备。

开展零售业务一定是需要有很多人来买茶的，那么买茶的人从哪里来？除了自己搜索地图到店来的客户，以及店员们主动发掘来的客户，难道散座喝茶的客户不可以转化为买茶的客户吗？既然门店已经在散座客户喝茶这项业务上赚不到什么钱，那么门店是不是可以放弃在散座业务上面赚钱？如果门店把散座的利润降到最低，同时把散座客户喝茶的习惯慢慢培养起来，等到他们需要买茶的时候已经很熟悉我们茶叶的味道了，那么华饮小茶馆是不是就成了他们最值得信任的选择？散座客户如果平时有办公需求，那么只要能锁定他们来门店的消费，未来是不是也会有会客（会议）需求？能不能把散座客户视为我们会员矩阵金字塔的底端，引导他们逐渐向上走？既然散座客户在单次消费和储值上都无法给门店带来较高的收入，我们能不能换一个角度来想一想，挖掘他们其他的商业价值？

带着对这些问题的思考，华饮小茶馆的经营团队决定停止对散座客户销售储值式会员卡，改为销售一种订阅式会员卡，分别是 300 元的无限畅饮月卡和 2180 元的无限畅饮年卡。

以月卡为例，散座客户购买月卡后，在 30 天之内，可以在华饮小茶馆的所有连锁门店不限时、不限次地免费品饮 6 款指定的茶饮。相当于只花 10 元钱，客户就可以在店里待一天，而且一直都会有茶喝。这款订阅式会员卡一经推出就卖爆了,附近的客户几乎都会买。就算他们第一次来没买,第二次再来的时候也会主动要求买,原因就是太划算了。

这款订阅式会员卡在实施的过程中,基本上印证了华饮小茶馆团队的预期,具体表现有以下几方面。

(1)办卡后会员的到店频率很高,实现了在附近区域内绝对地排他,他们没有理由再去其他店消费了。

(2)会员每个月续卡和月卡转年卡的概率都很高,他们喝茶的习惯被逐步培养起来了,并且门店的员工会有很多机会去跟会员聊天,引导他们在店里购买茶叶。

(3)订阅式会员制为小茶馆的发展带来了出乎意料的结果,有一位客户就是先办了一张月卡,然后又续了一张年卡,因为觉得这种经营模式非常不错,所以主动找到了创始团队,通过投资成为华饮小茶馆一家门店的股东。

当同时有了成交率都不错的储值式会员制和订阅式会员制时,华饮小茶馆的会员制矩阵就基本成形了。此外,在 3.0 模式创新阶段,华饮小茶馆的经营团队还在继续寻找更好用的数字化工具来满足他们不断升级的业务场景。

2.0 阶段搭建好的美团收银配合微信服务号一起使用的这套系

统,已经无法满足华饮小茶馆的多家连锁门店同时销售和使用无限畅饮卡,这时候他们需要一个能够基于地理位置(LBS)来提供服务的小程序或 App,同时还要让储值业务和订阅业务之间的会员数据实现互通,华饮小茶馆的经营团队只好开始寻求外界技术研发团队的支持。

于是华饮小茶馆的经营团队找到了一个技术团队并外包研发了一个小程序,还给这个小程序起名为"处处有茶喝"。客户在小程序上可以看到华饮小茶馆所有连锁门店的地理位置,还可以预订包间和购买会员卡,到店只需出示会员卡即可享受无限畅饮等会员服务。

此时,华饮小茶馆的数字化管理体系已经比较复杂了,它包括了 4 个系统:美团、微信公众号、自主研发的小程序和视频课程。与此同时,他们的会员制矩阵也逐渐成形了。

四、4.0 自主研发阶段

关键词:社群营销、数字化

4.0 自主研发阶段的时间范围是从 2020 年 3 月到现在。

这个阶段覆盖了 3 年疫情的特殊时期,这几年对实体行业的打击,相信每一个经营者都有深切的感受。在那 3 年里,线下实体店每年都至少有 3 个月左右不能正常营业,华饮小茶馆也出现了严重的现金流中断危机。并且,由于大众消费信心不足,很多客户都不愿意进行大额的储值了,门店发展储值式会员的难度变大。好在华饮小茶馆在过去几年中积累了一定数量的会员,让门店在特殊的困难时期还有一个可以依赖的基础。

所以在 4.0 阶段的前半部分,华饮小茶馆经营团队的工作重心无法继续保持在发展会员数量上面,而是转移到了盘活存量会员和引导会员复购上面。正好在这一时期,各行各业通过个人微信和企业微信的丰富功能开展私域社群营销的方法论逐步成形了,无论是理念还是工具,都有大量的成功经验可以借鉴。

举个例子,在疫情期间,由于门店没有现金流,但是房租和员工的工资是不能不支出的,所以为了能有一些现金流,华饮小茶馆的经营团队只能向他们的会员求助。此时,会员虽然不能到店来消费,但是他们还有喝茶的需求。正好春茶马上就要上市了,团队是不是可以面向会员做一拨产品预售,给到会员最优惠的价格?等春茶上市时会员可以到店来提货,也可以要求发快递到家。

基于这样的思路,华饮小茶馆的经营团队设计了一款主题提货卡,售价为 1000 元,持卡人可以提不高于市面零售价 2000 元的货。为了凸显向会员们求助的主题,他们把这款提货卡叫作自救卡。那么这款自救卡怎么卖呢?以下是华饮小茶馆的 3 种卖卡方式。

第一种方式,通过微信公众号来给会员推送消息。因为绝大部分会员都是通过关注微信公众号注册的,所以只要没有取消关注,理论上就都能看到他们推送的消息。但是实际上,真正打开消息来阅读的会员占比不到5%,读完消息之后会有所行动的会员又不到5%,所以通过公众号这个渠道直接卖出去的提货卡一共也不到20张,效率非常低。但是公众号推文是一定要做的,它毕竟是官方渠道发声,能证明这个活动确实是公司总部在推动的。

过去商家是可以直接给会员群发短信的,但现在不允许发营销性质的短信了。如果商家用自己的手机来发短信,可能发不了20条,手机号就要被封了。就算商家找专业的短信平台来发短信,也需要经过审核,可能最终结果还是发不出去。所以群发短信这种会员营销方式已经退出历史舞台了。

第二种方式,让店员给微信里的会员好友点对点地发信息,通知会员现在有这个活动。因为华饮小茶馆长期以来都是鼓励店员添加客户为微信好友的,所以每一个店员的微信里都有一定数量的会员好友,他们平时也经常在微信朋友圈里跟会员点赞互动。用微信点对点地发消息是主要的销售方式,大部分的提货卡最后都是以这种方式卖出去的。一般每个店员都能卖出去3~5张,一些社交能力强的店长甚至能卖出去30张。

第三种方式,在微信群里发活动消息。华饮小茶馆原先就有很多微信群,通过微信群能联系到不少老客户和会员,所以微信群推送加上店员点对点地推销，结合起来还是有一些效果的。微信群的促销发展到后来，当华饮小茶馆的经营团队开始整合一些供应链的尾货来做限时限量的特价促销时，微信群就成了他们很重要的销售渠道了。

总体来说自救卡卖得不算很好，前后一共卖出去了100多张，收回了十几万元。但是自救卡作为一种一次性、主题性的会员卡尝试，对华饮小茶馆的经营团队丰富自己的会员制运营实践，加强自身对会员制的灵活运用起到了破冰式的作用。

从这个节点之后，华饮小茶馆的经营团队对会员制经营又有了两个比较深刻的认识。

其一，微信群与个人微信形成的工具组合，作为私域营销最重要的工具和方式，被他们逐渐掌握了。对华饮小茶馆这样的服务型企业来说，虽然发展了大量的会员，但如果不能进一步把这些会员私域化，他们就很难再去挖掘会员的零售价值。虽然微信群与个人微信组合营销的流程很繁杂，转化率也不太高，但是它的确有可行性，也的确能够产生效果。华饮小茶馆的经营团队认为只要有效果，就值得大家去优化它的效率。这几年，华饮小茶馆通过私域社群营销，平均每年都能销售出去两百多万元的商品，和他们一家门店的年营业额差不多。

其二，华饮小茶馆的经营团队进一步领悟并掌握了一次性会员卡的玩法。一次性会员卡完全可以作为一个独立的营销课题来研究，能对常规的会员制形成一个有力的补充。它很适合用来做主题性的促销，因为容易理解，所以很好销售。一次性会员卡搭配上主题，可以演变出各种各样的使用方法。例如，两个品牌要把各自的会员体系相互打通，其实是很困难的，但是如果只是一个短期的合作，一起推出一款联名会员卡，双方各自拿出一些产品和服务来一起打个包，再以会员卡的名义去销售，那么可行性就会高很多。

面向会员的社群营销，除了用好微信里的各种工具，美团的青春版收银系统已经无法支撑华饮小茶馆所有业务的一体化推进，3.0阶段打造出来的系统组合也因其不能互相兼容而显示出越来越多的局限性。这时候华饮小茶馆的经营团队迫切地需要一款能够在茶馆这个细分赛道中满足其大部分业务场景需求的系统，以便他们对会员经营、会员营销的理解能够完整地实现。华饮小茶馆的经营团队是幸运的，他们找到了正准备研发茶馆门店一体化管理系统的金米天成公司，并投资参与了他们的研发过程。如今，华饮小茶馆的系统得到了全面的升级，使得门店从服务到零售的各个环节都得到了数字化改造，并且数据还可以牢牢地掌握在自己的手里，甚至以这些会员营销的数据作为参考，又可以制定新一轮的会员营销方案。

总结一下，到了4.0自主研发阶段，外部环境在倒逼华饮小茶馆的经营团队去更深入地探索会员的内涵价值。让团队从追求会员数量增长，转变为追求会员质量发展，重新去思考一种更长期、更可持续、更有价值的会员体系。在这个过程中，因为华饮小茶馆的经营团队对会员制持续不断地思考，所以理解得越来越深刻，做法也越来越灵活。

通过对华饮小茶馆在 6 年中 4 个不同阶段的深入剖析，我们能够看到，一个相对成型的会员体系，往往并不是设计出来的，而是在实践中不断调整出来的。所以经营者不必在一开始设计自己的会员体系时就追求完美，而是在想得差不多的时候就尽快动手去测试和调整。华饮小茶馆的案例展示了一个初创公司发展到中型公司的详细历程，我重点分析了他们在会员体系上和在数字化管理系统上的探索和思考。请读者认真阅读和理解他们的这段历程，这样将少走很多弯路。

第二节　会员制矩阵案例分析

在我们从时间纵向角度把华饮小茶馆 6 年间的会员制发展历程做了一个深入的讲解之后，现在换一个角度，从横向的角度，即从业务类型的角度来看看华饮小茶馆的会员制发展到现在是一个什么样的面貌。我做了一个全局的展示，来给大家具体讲一讲会员制矩阵是什么样子。

我们在设计会员制流程的时候，第一步是做客户分析，客户分析的目的是做会员分类。高效率的会员发展要依靠针对性强的会员策略，它的基础就是做好会员分类。做好会员分类其实没有那么简单，因为它不是想象和推断出来的，它是实践和经验的产物，是一种相对高阶的经营管理技术。刚开始创业的新手很难一开始就具备这种能力，所以我们从开始创业时就要尽早建立这方面的意识。

无论多小的企业，多简单的业务模式，它在经营过程中都会自然地演变出几种不同类型的客户。因为客户的需求各不相同，所以用一种会员模式去适应所有类型的客户是不可行的。我提倡的科学做法是，针对不同类型的客户去设计不同的会员模式。同时也要注意，在同一矩阵之内的不同类型的会员，它们之间应该有逻辑关系，是可以相互转化的。最好的状态是企业内部对会员的分类很清晰，针对每一类会员的促销与成交都有明确可行的策略。但是作为会员是不需要去了解这些的，他们只需要知道自己的会员名称、级别、权益就可以了。

按照这个思路，我通过常见的二维法分析，得出了华饮小茶馆客户分类九宫格，如图 8-3 所示。

	低客单价	中客单价	高客单价
空间	消费50元左右的散座客户	消费500元左右的包间客户	消费1000元左右的包间客户
零售	消费百元的口粮茶客户	消费千元的礼品茶客户	消费万元的企业采购客户
文化	消费单次课程或活动的学员	消费系列课程的学员	消费茶旅游或企业团建的学员

图 8-3　华饮小茶馆客户分类九宫格

空间业务分为：消费 50 元左右的低客单价散座客户、消费 500 元左右的中客单价包间客户、消费 1000 元左右的高客单价包间客户。

零售业务分为：消费百元的低客单价口粮茶客户、消费千元的中客单价礼品茶客户、消费万元的高客单价企业采购客户。

文化业务分为：消费单次课程或活动的低客单价学员、消费系列课程的中客单价学员、消费茶旅游或企业团建的高客单价学员。

我把各项业务对应的客户类型划分出来，并不是要每一项业务都去设计一种会员产品来满足客户。企业把客户的类型划分清晰，也只是有了做会员制的素材，正如我们要做一桌宴席，把菜和调味品买回来后，要怎么搭配，做几道菜，还需要掌勺的厨师自己来把握。

就像一桌宴席有主菜和配菜搭配一样，我们的会员制类型也是有主次搭配的，不能光有主菜没有配菜。而且它们一定是属于同一个菜系的，要么是粤菜，要么是川菜，原则上不会出现粤菜和川菜各一半，或者中餐和西餐各一半的情况。也就是说整个会员制矩阵是由一条主线来串起来的，这条主线一般来说就是消费金额的高低，或者是能反映消费金额高低的积分数量。

每个会员类型之间都是有逻辑关系的，彼此之间能合并的尽量合并，不能合并的，或者暂时不适合合并的，就把它先单列出来。华饮小茶馆的会员体系里，空间消费和零售消费的会员就有一部分做了合并，但是与文化消费的学员就不太适合合并到一起，因为文化培训并不是茶馆的常态主营业务。

经过从 1.0 阶段到 4.0 阶段的发展，我把华饮小茶馆目前形成的会员制矩阵用一个金字塔结构表示出来，即华饮小茶馆会员体系，如图 8-4 所示。

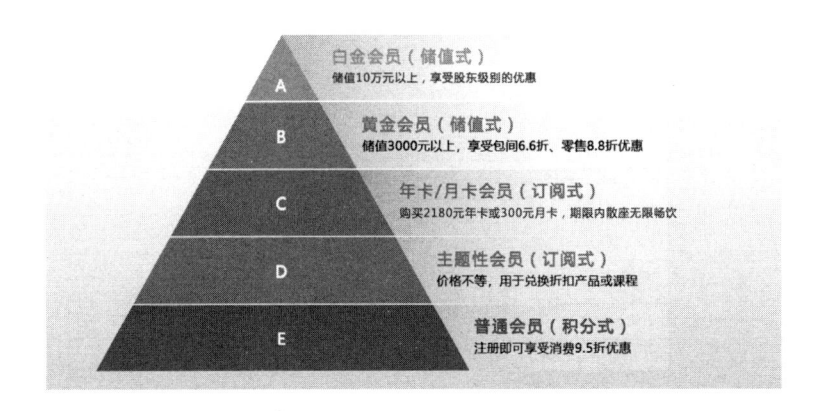

图 8-4　华饮小茶馆会员体系

这个金字塔结构，是以消费金额高低作为主线来划分出来的，越往顶部，消费金额越高，同时会员的数量也越少。在金字塔结构中，下面一层是上面一层的客户储备，每两层之间，都有一定的流失率和转化率。这种结构的目的是最大限度地把所有来门店消费的顾客都转化为会员，并通过不同的业务模块使其留存在企业的会员体系里。

接下来，我将对金字塔结构中的5种会员逐一做出讲解。

编号E，普通会员，属于积分式会员，没有付费门槛，只需要关注公众号并注册激活后就可以成为会员。普通会员的权益是会员在店内的所有消费都可享受9.5折优惠，每次消费都会获得相应的积分，而积分可以在未来的消费中抵扣现金。其余类型的会员消费同样也是有积分的，下面介绍时将不再赘述。

编号D，主题性（一次性）会员，属于订阅式会员，这种卡的价格不等，主要是用于兑换产品、服务或者课程，会员可以自己用，也可以送给别人用。

编号C，年卡/月卡会员，属于订阅式会员，年卡2180元，月卡300元，权益是会员在有效期内享受所有连锁门店的散座无限畅饮（仅限门店指定的6款茶品），同时购买产品可以享受8.8折优惠。

编号 B，黄金会员，属于储值式会员，储值的金额在 3000 元以上，权益是会员在包间消费享受 6.6 折优惠，购买零售产品享受 8.8 折优惠。

编号 A，白金会员，也称为企业级会员，属于储值式会员，储值金额在 10 万元以上，享受最高的权益，可以免费使用包间，同时还能以股东内部价调用公司的供应链资源。

华饮小茶馆现阶段的会员制矩阵虽然并不算完美，但是结构已经相对完整，对占据营业收入 10%以上的主要业务模块都做了相应的会员制安排。这么做既能减少某个业务模块的客户的流失，又能引导客户向另一个业务模块迁移，最终形成系统内的客户自循环。

结合华饮小茶馆 6 年间发展的时间线来看，订阅式的年卡和月卡会员，以及一次性、主题性的会员，这两个会员制类型的发现和实施，对华饮小茶馆的整个会员制矩阵的成形意义重大。在以前，A、B 两类会员和 E 类会员之间是有断层的，是连不上的，直到有了 C、D 两类会员之后，从 A 到 E 的主线才算打通了。只有主线打通了，整个会员体系才会成为一个有机结合的系统，会员制矩阵才会呈现出最大的价值。

在会员制矩阵的主线打通之前，其实华饮小茶馆的经营团队对于会员制矩阵系统的认识并不清晰。在很长的一段时间里,他们在业务的发展过程中会有一些模糊的想法,觉得从低客单价到高客单价中间有一段距离需要想办法跨越。团队当时用来解决这一问题的方案不是很有效,但是也不知道如何设计一个更有效的方案,这个思考和探索的时间大约持续了一年半到两年左右的时间。这其实是一个漫长地从量变到质变的过程。直到华饮小茶馆的经营团队在 3.0 阶段后期提出了新的解决方案,使解决问题的效率立刻有了很大的提升,他们才认识到原来单一的会员制都是一个点,要把几个点连成一个面,形成一个整体的矩阵才会发挥出系统的能量。

这就像我们手里有一些珍珠,但我们只知道它们很漂亮,而不知道把它们做成项链。直到我们又多了一些珍珠,并有了一根线,这时才想到可以把这些珍珠做成一串项链。它们不仅更漂亮了,而且连在一起的价值比单颗珍珠加起来的价值要大多了。

华饮小茶馆经过多年在会员制上的深挖,已经建立了一套比较合理的矩阵,对会员制方法论的应用也驾轻就熟了。但是发展永远是没有尽头的,结合我们在前几章学习的会员制知识来看,华饮小茶馆目前这个阶段的会员体系(会员制矩阵)仍然有以下几个明显的不足之处。

（1）矩阵内的 5 个会员层级之间的联系仍然不够紧密，虽然目标是把流量从下一级往上一级做转化引导，但是引导的方法里面还有很多细节没做优化，层级之间的转化率并不高。

（2）积分的作用没有充分地发挥出来，一方面是层级的升降没有跟积分挂钩，仍处于跟消费金额直接挂钩的阶段；另一方面是各层级的积分兑换没有详细的规则。

（3）客服和社群在会员服务上面的应用不足。这一点不仅和门店业务本身相对低频有一定关系，也和团队的精力分配有很大关系。如果在会员服务上面投入更多的资源和精力，那么会员的忠诚度和推荐力肯定会有明显提升。

到现在我们已经完整地学习了会员制的理论、实操和案例，请结合自身的业务来复盘自己的会员制方法论，希望读者能从中有所感悟。

本章小结

（1）本章以时间发展为主线详细阐述了华饮小茶馆的会员体

系在 6 年间的演变过程，指明了会员体系是伴随着市场的需求和团队的理解演变而来的，是需要不断进行动态调整的，而不是一开始就能设计完美的。

（2）通过学习华饮小茶馆的业务类型与会员制矩阵的关系，使读者能够结合会员制全景图谱，理解会员体系从设计到实施的详细过程，掌握使用模型来复盘分析自己业务的能力。

反侵权盗版声明

电子工业出版社依法对本作品享有专有出版权。任何未经权利人书面许可，复制、销售或通过信息网络传播本作品的行为；歪曲、篡改、剽窃本作品的行为，均违反《中华人民共和国著作权法》，其行为人应承担相应的民事责任和行政责任，构成犯罪的，将被依法追究刑事责任。

为了维护市场秩序，保护权利人的合法权益，我社将依法查处和打击侵权盗版的单位和个人。欢迎社会各界人士积极举报侵权盗版行为，本社将奖励举报有功人员，并保证举报人的信息不被泄露。

举报电话：（010）88254396；（010）88258888
传　　真：（010）88254397
E-mail：dbqq@phei.com.cn
通信地址：北京市万寿路173信箱
　　　　　电子工业出版社总编办公室
邮　　编：100036